KB136419

한국의 국제보건

한국의 국제보건

1판 1쇄 인쇄 2019년 2월 14일

1판 1쇄 발행 2019년 2월 18일

지은이   신상문, 탁상우, 정애숙, 이태범, 홍정표, 함영희, 김수경, 이세영, 김혜미, 김세현,
         오세연, 정다은, Mai Thi Ha Quyen

펴낸이   이형진

펴낸곳   도서출판 아르케

출판등록 1999년 2월 25일 제2-2759호

주소   강원도 홍천군 내촌면 와야리 300-4

대표전화 (02)336-4784~6 | 팩스 (02)6442-5295

E-Mail   arche21@gmail.com | Homepage www.arche.co.kr

값 23,000원

ⓒ 신상문 외, 2019

ISBN 978-89-5803-164-2 93330

한국의 국제보건

신상문, 탁상우, 정애숙, 이태범, 홍정표, 함영희, 김수경,
이세영, 김혜미, 김세현, 오세연, 정다은, Mai Thi Ha Quyen

아르케

최근 국제보건을 둘러싼 국내외 환경은 빠르게 변모해 가고 있다. 국제적으로는 신종 감염병, 기후변화 등 국제적 공동대응이 필요한 보건문제에 대한 국제사회의 참여 요구가 더욱 커지고 있으며, 모자보건, 만성질환, 감염병 등 질병중심의 건강문제에서부터 건강불평등, 생활환경, 식수위생, 삶의 질에 이르기까지 국제보건의 영역은 더욱 확대되고 있다.

국내에서는 국제보건에 참여하는 원조기관, 정부부처, 민간단체, 기업, 학계 등 참여주체가 보다 다양해지고 주체들의 활동이 더욱 활발해지는 양상이다. 한국은 과거 한국전쟁으로 폐허가 된 국가를 복원하는 과정에서 선진국들의 많은 도움을 받아야 했던 아픈 경험을 가지고 있지만 빠른 경제성장에 힘입어 이제는 오히려 도움을 주는 국가로 변모하여 국제사회에 기여하고 있다. 그러나 아직까지 한국의 국제보건에 대한 학문적 토대가 약하고 국제보건의 가치와 방향성에 대한 심도 있는 논의가 부족한 실정이다. 반면 국제보건에 대한 관심이 커지고 있고 이 분야에서 종사하고자 하는 사람들도 많아지고 있다. 이러한 상황에서 그동안 메디피스가 현장 활동을 하며 쌓아왔던 문제의식과 체감하고 있는 과제들에 대한 활동가들의 생각들을 정리하는 것은 의미있는 작업이 될 것으로 생각한다. 이러한 시도는 앞으로 계속될 것이고 '메디피스 총서'로 묶어갈 계획이다. 그 첫 번째 시도인이 책은 우리나라의 국제보건의 현실을 돌아보고 국제보건이 지향해야 할 가치가 무엇인지를 살펴보고자 하였다. 특히 인도주의 정신으로 국제보건 활동을 하는 NGO인 메디피스가 바라보는 시각을 제시하려고 노력하였다. 이 책을 통해서 한국국제보건에 대한 이해를 돕고 국제보건이 지향해야 할 가치를 정립하고 또한 국제보건의 나아갈 방향에 대한 담론에 조금이나마 보탬이 되었으면 한다.

이 책은 총 5개의 장으로 구성되어 있고, 각 장은 메디피스 활동가들이 2018년 한 해 동안 나누어 집필하였다. '제1장 국제보건의 방향'에서는 국제보건 용어 사용과 그 배경에서부터 힘과 경제에 의한 지배 패러다임 안에서 보건에 대한 이슈가 어떻게 다루어져 왔는지를 재조명해보았다. 역사적 통찰을 통해 지구촌이라는 울타리 안에서 취약한 인도주의적 시각에서 발전되어 온 보건문제에 대한 대응과 전개방향에 대한 심도 있는 논의를 다루었다.

'제2장 인도주의적 국제보건'에서는 국제개발과 국제보건의 관계 속에서 국제보건을 바라보는 다양한 관점에 대한 심도 있는 논의를 통해 오늘날 국제보건 활동의 문제와 한계를 돌아보고 우리가 추구해야 할 인도주의적 국제보건의 필요성에 대해 살펴보았다.

'제3장 국제보건과 건강불평등'에서는 국제보건 사업에서 고려되어야 할 건강불평등에 대한 개념 정립의 문제와 건강불평등 발생 원인을 살펴보고 국제개발 목표달성을 위해 수행된 국제보건사업이 건강불평등 감소에 기여해왔는지를 살펴보고 궁극적으로 건강불평등 문제를 해결하기 위한 방향을 제시하였다.

'제4장 한국의 국제보건'에서는 19세기 말 의료선교사의 활동으로부터 오늘 날 공공 및 민간부문으로까지 확대된 국제보건 수혜자이자 공여자로서 우리나라 국제보건의 역사적 흐름을 조명해 보고 정부,

시민사회, 영리조직, 학계 등 다양한 국제보건 활동주체들의 특성과 활동에 대해 살펴보았다.

마지막으로 '제5장 한국 국제보건의 한계와 실천과제'에서는 경제개발의 관점에서 기획되어온 한국국제보건의 태생적 한계를 확인하고 일차보건의료의 강화와 인도주의에 부합한 국제보건사업을 통한 전지구적 인류의 건강문제 해결과제와 범지구적 소통과 합의를 통해 해결되어야 할 건강불평등과 기후변화 문제를 다루었다. 또한 그간 논의되어 온 한국 국제보건의 성향과 그 함의에 대한 분석에 기반한 NGO 및 기타 다른 주체들의 나아갈 방향을 다루었다.

어느덧 메디피스가 출범한 지 10년이 되었다. 이 10년의 경험을 통해 이 책이 국제보건을 처음 접하는 일반인이나 국제보건을 공부하는 학생들에게 도움이 되었으면 좋겠다. 또한 이 책을 통해 한국 국제보건에 대해 쉽게 이해하고 추구해야 할 가치가 무엇인지 숙고할 수 있는 계기가 되기를 바란다. 집필방향에 대해 함께 고민해주고 원고를 꼼꼼하게 검토해 준 아르케에 감사를 드린다.

2019. 2
저자 일동

■ 목차

1

국제보건의 방향

홍정표, 함영희, 김수경, 오세연, 김세현, Mai Thi Ha Quyen

본 장에서는 International Health와 Global Health에 관한 용어가 보편적으로 사용되기까지의 역사적 배경을 살펴보고자 한다.

본서에서는 국제보건에 대한 관점과 독자들의 이해를 돕기 위해 International Health는 '국가 간 보건', Global Health는 '국제보건'으로 표현하고자 한다. 이는 국제보건에 대한 역사와 배경, 국제보건의 이슈와 대응사례를 통해 두 용어의 차이를 구분하기 위해서이다.

국제사회는 무력, 경제력 등을 동원하여 상대적으로 약한 국가를 억압하는 지배구조를 이어왔다. 본 장을 통해 보건(Health)에 관한 이슈 역시 세계 역사 속에서 재조명해볼 때, 결코 힘과 경제에 의한 지배 패러다임과 무관하지 않다는 것을 확인할 수 있을 것이다.

이제 '지구촌'이라는 울타리 안에서의 보건에 관한 각 이슈에 대해 국제사회가 어떻게 대응해왔는지 그리고 어떠한 방향으로 나아가야 하는지 살펴보고자 한다.

1. 국제보건의 역사와 배경

국제보건의 역사적 배경을 알아보기 위해 먼저 국제보건에 대한 정의와 그 범주부터 살펴보고자 한다. 이는 국제보건이라는 정의와 범주에 따라 세계 역사 속에서 어떻게 국제보건이 시작되었는지 알 수 있기 때문이다. 국제보건의 정의의 범주를 살펴보기 위해서 건강에 있어서 '국제'의 의미를 먼저 명확히 할 필요가 있다. 우선 여기서의 국제는 단순히 건강 문제가 발생하는 위치를 가리키는 것이라기보다 건강 문제의 범위를 의미한다. 그리고 이는 국경을 넘나드는 보건 이슈만을 다루는 것이 아니라 여러 국가와 관련된 보건 이슈, 기후변화와 같은 초국가적 요인, 치료 해결책에 영향을 받는 모든 문제들을 포함하는 것이다.

그렇다면 보건은 어떻게 해석해야 할까? 세계보건기구who는 건강을 '단지 질병 또는 병약한 상태가 아닌 것을 의미하기보다 신체적, 정신적 그리고 사회적으로 웰빙이 이루어진 상태'로 정의하였다. 하지만 위의 정의는 개인의 질병 경험이나 사회적 권력이 미치는 영향을 제대로 반영하지 못하고 있기 때문에 국제보건에 관한 용어의 개념뿐만 아니라 세계보건과 국제보건과의 구분에 있어 몇 가지 수준과 범주를 살펴볼 필요가 있다.

  국가 간 보건과 국제보건을 구분하기 이전에, 한 국가 내에서 국민의 질병예방, 치료를 포괄하는 건강에 대한 접근은 공중보건(public Health)과 의료(medicine)로 구분할 수 있다. 즉 공중보건은 집단의 건강 형평성 제고를 목적으로 하고, 의료는 개인의 건강 문제를 주로 다룬다. 이러한 공중보건과 의료는 국가 내부의 보건 문제 또는 건강에 집중한다. 이러한 한 국가 내 공중보건과 의료의 문제는 19세기에 들어서면서 본격적으로 국경을 넘나들게 되었다.

19세기 들어 활발해진 국가 간 교역으로 인해 발생하기 시작한 보건 문제와 이에 대한 개입을 정의하기 위해 국가 간 보건의 개념이 등장했다. 하지만 주권국가의 이해관계에 따라 제한된 틀 안에서 국제보건 이슈에 대한 협력 및 개입에 집중하였기 때문에 개별 국가의 이해관계가 크게 반영되는 모습을 보였다. 반면 국제보건은 개별 국가 단위의 틀에서 벗어나 인류 전 구성원의 건강에 집중하고 있다는 점에서 국가 간 보건과 구분 지을 수 있다. 또한 기존의 국가 간 보건은 19세기 식민의학이나 선교의학, 20세기의 국제개발협력에서 보이듯이 지배국가 혹은 공여국가의 권력 행사 및 이익 추구를 근간으로 하는 한계를 가졌다. 또한 국제보건은 당사국 간의 이해관계나 책임 관계보다는 전 지구적인 건강 형평성 제고라는 적극적 행동을 추구하는 것에서 국가 간 보건과 차이가 있다. 다시 정리하자면, 국제보건은 전 인류의 건강권 보장을 목표로 하며 협력 주체 또한 다양하게 정의된다는 점에서 이전과는 명백히 구별되는 의미를 지닌다. 특히 비정부기구나 국제기구 등 주권 국가의 범위를 초월한 집단의 역할이 커지고 있는 현 상황에서 국제보건적 접근이 확대되고 있다.

그렇다면 국가 간 보건이 국제보건 개념으로 이동하고 정리되어지기까지의 역사와 각 시대별 보건 목표가 설정된 배경을 살펴보고, 국제적인 보건 문제를 바라보는 관점이 어떻게 변화되어 왔는지 상세히 살펴보고자 한다. 먼저 국가 간 보건은 19세기 국제 교역의 증가로 인해 그 인식이 촉발되었다고 할 수 있다. 예컨대 마드라스와 마르세유 사이의 통과 시간을 단축했던 수에즈 운하의 건설과 같이 기술상의 새로운 성과가 나타날수록 국제 교역은 점점 감염성 질환을 유행시키는 발 빠른 촉매제가 되었다.[1] 대표적으로 콜레라가 새롭게 개척된 국제 교역 경로를 따라 직접적이고 빠르게 전파되었다. 이렇듯 국제 교역에 따른 감염성 질환, 콜레라와 같은 보건의료적 문제가 빈번하게 발생하자 이에 대응하기 위해서 '국제위생회의International Sanitary Conference'가 19세기 후반부터 20세기 초반까지 이어졌다. 이 시기의 국제위생회의에서 다룬 핵심적인 과제는 콜레라의 확산을 해결하는 것이었다.[2] 또한 19세기 유럽 전쟁도 보건 문제를 국제적인 차원에서 접근하게 하는 계기가 되었다. 특히 유럽 전쟁 중 나이팅게일이 보여준 보건의료 활동이 지역적, 국내적 수준을 넘어 국제적으로 이루어졌다는 점에서 주목할 만하다.

19세기에는 국제 교류의 증가와 유럽 전쟁 이외에도 '식민의학 시대'라는 역사적 배경을 살펴볼 수 있다. 국제보건의 전 인류의 건강권 보장이라는 목표와는 다르게 국가 간 보건의 출발은 유럽 식민지 지배자들에게서 찾아볼 수 있다. 또한 공중보건과 과학 전문분야로서 생물의학이 재정의된 시점이 바로 서구 열강들이 제국을 세우기 시작하던 시점과 겹치게 된다는 점도 중요한 의미를 갖는다. 식민시대에 제국이 점령한 지역은 다양한 보건의료 실험 기지로 활용되었다. 즉, 식민지 피 지배인들은 의학적 실험에 활용되었고, 유럽제국의 자국민을 보호하고 제국주의적 팽창 계획을 돕기 위한 식민의학이 등장한 것이다.[3] 훗날 의사이자, 신학자였던 알베르트 슈바이처가, "내가 한 일은 식민지 시대에 신의 이름으로 계속된 잔학함에 대해 속죄하는 행위이다"라고 말한 것도4) 식민의학 시대의 상황을 잘 보여준다. 또한 열대의학의 출발 역시 말라리아 등과 같이 유럽 식민지 지배국가의 자국민들에게 발병할 수 있는 질병에 대응하기 위한 방편으로, 또는 식민지 국가 노동자들의 최소한의 건강 유지를 통한 경제적 이윤 확보를 목적으로 이루어졌다.5)

20세기에 들어서자 최초의 국제보건기관인 '국제위생처ISB6)'가 설립되었다. 이는 오늘날 가장 권위 있는 공식 국제공중보건기관인 '범아메리카보건기구PAHO'로까지 발전한다.7) 1902년 12월 시어도어 루스벨트 대통령은 워싱턴 D.C에서 1차 국제위생협의회를 개최했는데, 이 협의회가 발전하여 국제위생처 설립까지 이어진 것이다. 국제위생협의회가 다루는 핵심적인 과제는 국제 교역에서 질병이 미치는 일반적인 영향에 대한 것이었고, 이후 격리, 예방, 해운 규제에 대한 내용까지 포함하게 되었다. 국제위생협의회가 개최된 배경은 19세기 프랑스에 의해 시작된 파나마 운하 건설과 연관이 있다. 1881년부터 1889년까지 약 8년간 프랑스에 의해 주도되었던 파나마 운하 건설 과정 중 약 2만 1천명 이상의 인부들이 황열병, 말라리아 등 열대병으로 사망하면서, 프랑스의 파나마 운하 건설 프로젝트는 좌절되었다. 이후 1902년 미국이 파나마 운하 완공 계획을 발표하였는데, 이 프로젝트의 성공을 위해서는 인부들의 건강을 유지하는 일이 매우 중요함을 깨달았고, 그 결과 운하를 건설하는 지역은 서반구의 열대의학에 대응하는 공식적인 장(場)이 되었다.

반면 20세기의 국가 간 보건은 국가 간 교역이나 특정 국가의 이익을 위한 수단으로 주로 활용되었다. 특히 제국주의는 정치, 경제에 있어서 새로운 패러다임을 열었듯이 보건 분야에 있어서도 커다란 영향을 미치게 되었다. 그리고 각 분야는 서양의 자본주의와 구(舊)

소련의 사회주의가 대립하는 냉전시대 이데올로기와 경제 발전의 패러다임 등의 영향을 받게 되었다. 냉전시대의 두 이데올로기인 자본주의와 사회주의는 보건, 사회, 개발 및 교육 분야 등에 영향을 주었으며, 국제보건 분야에서는 전인적 안녕보다는 질병 박멸에 집중하여 관련 기관 및 기구들이 설립되기도 하였다. 그 후 20세기 냉전시대에 의한 자본주의와 사회주의 체제 간의 대립이 사라지면서 원조 정책 결정에 중요한 기준이 되었던 체제와 이데올로기 역시 사라졌다. 국가 및 국제기구들의 원조 목표는 민주주의 증진, 사회경제적 평등, 인권 증진, 환경 보호, 평화 구축, 시민사회의 성장, 양성평등 등과 같은 가치 실현으로 변화하였다.[8]

　20세기 국제보건에 있어서 중요한 영향을 미친 또 하나의 사건은 국제기구의 본격적인 등장이다. 1943년 연합국은 식품 공급, 피난처 공급 등 피난민과 실향민을 위한 국제구호 기구인 '국제연합구제부흥사업국UNRRA'을 조직하여 보건 분야에도 개입하기 시작했다. 국제연합구제부흥사업국의 여러 역할과 기능 등은 이후 UN 산하 기구에도 영향을 미쳤으며, 그 중 보건의료 분야에서의 그 기능은 세계보건기구에도 영향을 미쳤다. 한편 UN 창설 이후 1950년 한반도에서 발발한 한국 6·25 전쟁에 UN은 '유엔한국통일부흥위원단UNCURK'과 '유엔한국재건단UNKRA'을 설치하여 복구 사업을 시작하였다. 이 기관들은 NGO와 협력하여 전쟁 기간 중 난민보호, 의료구호사업, 식량배급 등 인도적 지원 활동을 벌이게 된 것이다. 한국민간구호계획은 한국전쟁 참전국과 세계보건기구, 유엔아동기금, 적십자사, 세계교회봉사단 등이 참여하여 구성된 기구이다. 이 기구는 한국전쟁 피해자를 위한 긴급구호를 시작하였는데, 이는 국제보건 분야에 민간참여가 본격화되는 계기가 된다. 당시 한국전쟁은 UN군 창설 이후 첫 전쟁이었기 때문에 전쟁으로 인한 부상병과 민간인 환자의 치료, 보건의료 인력 양성과 훈련 등을 위한 국립의료원 건립 지원 등 UN의 다양한 국제보건활동이 실시된 첫 사례라는 점에서 국제보건 분야에서의 의미를 찾아볼 수 있다. 1948년에는 세계보건기구가 창설되어 약 70여 개국의 대표들이 한자리에 모여 최초의 세계보건총회가 개최되었다. 세계보건기구는 이전 양상과는 달리 창설 초기부터 세계 각국의 참여와 국가들의 지리적 위치에 따른 분권적 관리 등 두 가지 기본 목표를 설정했다. 그 결과 2010년까지 세계보건기구에 193개국이 회원 국가로 참여하는 등 그 영향력을 확대해 왔다. 이렇게 세계보건기구는 창설 이후, 국제사회 차원에서 국제보건에 대한 목표를 설정하기까지 역사적, 시대적 배경에 따라 다양한 국제보건의 흐름에 많은 영향을 주었다. 국제보건의 흐름을 엿볼 수 있는 또 다른 측면 중 하나는 바로 식민지 국가들의 독립에 따른 국가 간 보건의료체계의 수준과 격차이다. 제2차 세계대전 이후 아프리카와 아시아 대부분의 국가들이 식민지 지배로부터 독립했다. 이 무렵 식민지 국가 대부분은 적절한 보건의료계획에 의한, 농촌지역까지 포함하는 전국적인 질병관리, 예방활동 등이 필요했으나, 대부분의 국제원조기구 등은 도시 지역에서의 보건의료 인프라 구축에 집중했다. 일부 국가에서는 도시 중심의 고급화된 의료시설 구축 및 유지를 위해서 해당 국가 보건의료 예산의 절반 이상을 투입하게 되는 현상까지도 나타나게 된다.[9] 국제보건 관련 기구 및 원조기관들이 도시 중심 의료체계에 집중하던 시대이었음에도 불구하고 가장 의미 있던 발전은 일차보건의료에 관한 접근이었다. 일차보건의료의 중요성을 강조하고 전 세계적인 확산을 위해 1978년 카자흐스탄 알마아타에서 세계보건기구와 유엔아동기금의 합동 회의가 개최되었으며, '알마아타 선언'이 결의되기도 하였다. 이 회의에서 세계보건기구의 하프 말러_{Half Mahler} 사무총장은 지역사회를 기반으로 한 기초보건 의료 인력의 중요성을 역설하였다.

> "세계적으로 건강과 관련된 상당수의 자원은 소수 한정된 사람들을 위한 모든 서비스와 그에 필요한 의학, 의료 연구개발로 향해가고 있습니다. 이로 인해 오늘날 대다수의 많은 사람들은 여러 질병으로 괴로워하고 있습니다. (중략) 세계에는 기본적 건강에 관한 권리를 누리지 못하고 있는 사람들이 수십 억 명에 달하고 있습니다. 보건의료는 이러한 사람들의 건강권을 보장해야 하며, 보다 생산적인 일상을 보낼 수 있도록 하는 것에 최우선을 두어야 합니다."

또한 알마아타 선언을 통해 기초보건 의료 인력의 역할과 동시에 사회시스템 구축을 세계보건기구 회원 국가들에게 요구했다. 이후 일차보건의료는 개발도상국을 중심으로 농촌 지역의 건강관리 및 보건에 관한 인식개선으로 변화했으며, 이후 지역사회를 기반으로 한 보건의료체계 모델로 발전하게 된다. 이 지역사회를 기반으로 한 보건의료체계로의 전환과정에서 핵심은 지역사회 보건인력들의 활동이었다. 지역사회 보건인력들은 각각의 지역사회 내에서 선발되어, 지역주민들의 건강 및 보건의료 문제 해결에 중요한 역할을 수행했다. 이때 비로소 지역사회 중심의 풀뿌리 활동을 통하여 자립, 저비용, 건강, 예방, 지역사회 자원의 활용, 지역주민의 참여 등과 같은 매우 중요한 요소를 다루게 되었다. 이러한 주민 참여형 풀뿌리 활동은 NGO에 의해 지역사회 단위에서 전개되어 왔으며, 주민 조직화와 역량 강화에 영향을 미치게 되었다. 이러한 NGO들의 활동으로 범지구화와 함께 국제 NGO들 사이의 원조 활동에 관한 네트워크가 형성되어 발전하였고, 이에 따라 국제사회에서 원조정책 결정 과정과 현장에서의 국제

NGO들의 영향력이 확대되어왔다. 국가의 경우 원조사업 시행 시 국가적 이익에 가장 큰 목적을 두고 있기 때문에 프로젝트와 지원 대상국이 제한적이며 매우 경직되어 있다. 반면 NGO의 경우 유연하게 지역사회에 접근할 수 있고, 초국가적으로 활동이 가능하기 때문에 그 역할과 활동의 규모가 커지는 경향을 보여왔다. 국제 NGO의 역할이 커짐에 따라 각 국가의 원조기구, UN 및 국제금융기구 등과 같은 기관 및 기구들이 국제 NGO와의 파트너십을 강화해왔고, 예산 지원 규모 역시 확대되어 왔다.

21세기에 들어서서, 2000년 9월, 미국 뉴욕에서 개최된 UN 새천년 정상회의에 참가한 189개 UN 회원국은 21세기 국제사회의 목표로서 'UN 새천년선언UNMD'을 채택하였다. 이에 따라 '새천년개발목표MDGs'가 국제사회에 제시되었고, 각 국가별 보건 및 국제보건 영역에서도 국제사회 차원의 목표달성을 위해 노력하게 되었다. 총 8개 새천년개발 목표 중 3개 영역의 목표인 유아 사망률의 감소, 임산부의 건강개선, HIV/AIDS, 말라리아 및 그 외 질병확산의 방지가 국제보건 영역에 해당하였다. 이는 개발 또는 원조 차원의 기금 조성 및 자본의 흐름에 영향을 미쳐 국제보건의 비중이 커지게 했다. 국제보건을 중심으로 거대 기금을 출연하는 대표적인 재단으로 게이츠재단, 클린턴 재단 등이 있다. 이러한 민간 영역에서 기금의 흐름은 그동안 개발도상국에 대한 공여국 중심의 공적개발원조와 다른 새로운 패러다임의 변화를 일으켰다. 이들 재단 외에도 민간재단 또는 기업, 정부, 개인이 출연하는 국제보건 기금으로서는 '에이즈, 결핵, 말라리아 퇴치 세계기금GFATM,[10]' '세계백신면역연합GAVI[11]' 등이 대표적인 사례라고 할 수 있다. 또한 국제보건 영역에 있어 국제기구-정부원조기관-민간기금-국제NGO가 파트너십을 형성하기도 했는데, '산모, 신생아, 아동건강파트너십PMNC[12]'

이 이 경우이다.

2015년 새천년개발목표 종료와 더불어 UN은 국제사회에 향후 2030년까지의 '지속가능개발목표(SDGs)'를 제시하였다. 지속가능개발목표는 총 17개 목표와 163개 세부 목표에 따른 230개 지표를 포함하고 있으며, 국제보건 영역에 해당되는 세부 목표는, 2030년까지 모성사망비 100,000 명당 70명 이하로 감소, 영아사망률은 1,000명당 12명 이하, 5세 이하 사망률은 1,000명당 25명 이하로 감소, AIDS, 결핵, 말라리아, 소외열대성 질환, 간염, 수인성 전염병 등 감염성질환 전염 종료, 정신보건과 웰빙 치료 및 예방을 통하여 비감염성질환으로 인한 조산아사망 1/3 감소, 마약과 알코올 중독을 포함한 약물남용 치료와 예방 강화 등을 포함하여 13개이다. 지속가능개발목표 내 13개 국제보건 관련 목표는 새천년개발목표보다 더욱 세분화된 접근방식으로, 국제 사회 및 정부 간 공적개발원조, 국제 NGO 및 민간재단 영역에서 국제 보건에 관한 개입방식 또는 기금조성 및 자본의 흐름에 지속적으로 영향을 미칠 것으로 보인다.

21세기 들어 새로운 국제보건 이슈들이 등장하였다. 대표적으로 국제보건에서의 감시체계,[13] 기후변화,[14] 원헬스(One Health)[15] 등이 활발히 다루어지고 있다. 국제보건에서의 감시체계에 있어서는 보건의료 영역에서 자원부족 국가와 선진국 간에 다른 양상을 보이고 있다. 미국 질병관리본부CDC는 21세기 공중보건 감시체계 발전을 위한 주요 주제를 크게 여섯 가지로 나누었다. 주요 주제는 공중보건 감시체계에 대한 어휘집, 정의 및 개념적 틀, 국제보건 감시체계, 국제보건 감시체계에서 정보 과학과 기술진보의 역할, 미래 공중보건 감시체계 인력, 공중보건 감시체계를 위한 데이터 접근(Data Access) 및 사용, 공중보건 감시체계를 위한 분석적 관제이다. 하지만 보건 관련 감시체계를 위해 더 많은 일을 더 적은 인원으로 해야 하는 개발도상국가에서는 감시체계를 강화하는 것이 더 복잡하고, 감시체계의 지속성 측면에서도 다양한 요인에 의해 어려움에 처해있다.

감시체계와 더불어 기후변화 또한 21세기에 접어들며 주요한 보건 이슈로 떠오르고 있다. 마가넷 찬Dr. Margarnet Chan이 세계보건기구 사무총장으로 역임하던 시절, 기후변화에 관하여 "기후변화가 인간 건강을 위협하고 있다는 근거가 넘쳐나고 있으며, 21세기에 세계보건기구의 가장 큰 위협은 기후변화"라고까지 언급한 바 있다. 기후변화는 전 지구 차원에서의 기후 또는 지역적 기후의 시간에 따른 변화를 의미한다. 일반적으로는 10년에서부터 수백만 년의 기간 동안 대기의 평균적인 상태 변화를 의미한다.[16] 이러한 기후변화에 의한 공중보건학적인 영향은 단순히 온도 변화에 의한 영향이라기보다는 더 광범위한 환경적인 문제, 즉 깨끗한 식수와 위생, 기아와 영양실조, 에이즈와 같은 감염성 질환 등과도 함께 고려되어야 한다. 기후변화에 따른 위험성은 개발도상국 또는 보건의료 자원 부족 국가에서 더 높다. 이는 화석연료를 더 많이 사용해서 기후변화에 더 많은 책임이 있는 선진국보다 상대적으로 낮은 영향을 미친 개발도상국 또는 보건의료 자원 부족 국가에게는 불합리하고 불평등한 문제라 할 수 있다.[17]

또 다른 21세기 새로운 국제보건 이슈는 원헬스이다. 메르스, 사스, 지카바이러스 등 신종 감염병의 약 70%가 동물 유래 감염병이고,[18] 최근 들어 인간, 동물, 환경이 서로 긴밀한 관계 속에서 서로 영향을 주고받는다는 의미에서 원헬스라고 한다.[19] 즉 원헬스란 인간, 동물, 환경이 서로 긴밀한 관계 속에서 서로 영향을 주고받고 있음을 밝히고, 인간, 동물, 환경 모두 최적의 건강상태를 달성하기 위한 다양한 전문가들의 협력적 접근을 이르는 개념이다. 국제보건 NGO 메디피스와 지구촌보건의료연구소는 지난 2016년 7월에 국제보건 이슈페이퍼로 「인도주의 포커스 3호」 'One World and One Health'를 발간하였다. 이 국제보건 이슈페이퍼는 원헬스를 '기존의 인간중심적(Anthropocentric) 관점에서 나아가 전 지구적인 관점에서 건강을 추구하는 철학적 가치'라고 규정했다. 보건을 안보의 개념으로 간주하고 있는 국제적 회의체인 글로벌보건안보구상GHSA도 생물테러, 범 유행 감염병 등과 더불어 원헬스 개념을 자주 논의하고 있는 실정이다. NGO의 경우에도 원헬스의 관점에서 접근하는 사업들이 나타나고 있다. 개, 고양이, 양, 소의 분변에 있는 기생충의 알이 사람에게 전파되는 질병인 포충증을 줄이기 위한 프로젝트가 네팔의 NGO인 '인축공통전염병 및 식품위생 연구소'[20]와 '풀뿌리 통합과 네트워킹을 위한 사회행동'[21]이라는 두 단체에 의해서 주도되었다. 캐나다에서는 '해안보건센터'[22]와 같은 NGO가 원헬스 관점에서 감시체계를 주도해나가고 있는 중이다. 특별히 「인도주의 포커스 3호」 'One World and One Health'에 소개된 위 사례를 통해 향후 원헬스에 관련한 NGO 활동의 전략적 접근이 가능하다는 것을 알 수 있다.

이상으로 국제보건에의 개념, 그리고 한 국가 또는 국가 간 대응을 초월한 범주에서 보건이슈를 다루게 되었던 역사적 배경과 변화하는 국제보건의 과제에 따른 다양한 접근들을 살펴보았다. 국제보건의 역사와 배경, 시대적 변천 그리고 그에 따른 국제보건 목표의 변화를 살펴보았을 때 19세기부터 21세기 현재까지 국제보건 이슈에 있어 공통적 맥락은 '불평등한 상황'이 개발도상국가 및 보건의료자원 부족 국가에서 지속되어가고 있다는 점이다. 지금까지 국제보건의 방향과 흐름을 시계열적 흐름 속에서 살펴보았다면, 다음으로는 실제 국제사회에서 이슈화되었던 국제보건 문제와 이에 대응한 사례들을 살펴보

고자 한다. 이는 국제보건의 역사와 배경, 시대적 상황에 따른 국제보
건 목표의 변화와 함께 국제보건 이슈와 대응 사례 분석을 통해서
국제보건의 방향이 무엇인지 찾기 위해서이다.

2. 국제보건 이슈와 대응 사례

국제보건은 여러 분야에 걸쳐 다루어진다. 국제보건은 다양한 질병을 다루기도 하지만 보건체계의 문제와 자금조달에 관하여 논하기도 한다. 이러한 문제들을 해결하기 위한 국제보건 관점으로서의 개발, 안보, 공중보건은 국제보건 행동과 그 우선순위를 결정하는데 바탕이 되는 핵심적인 주제라고 할 수 있다. 이 세 가지 주제는 대부분의 국제보건 이슈에서 중복되어 나타난다. 최근 들어 다양한 국제보건 이슈 중 주목받고 있는 것은 국제보건안보이다. 메르스(2012), 에볼라(2014-16), 지카(2015-16)등과 같은 치명적인 전염병의 확산으로 전 세계적인 보건 안보의 중요성을 깨닫게 되었기 때문이다. 감염병 관련 안보 이슈 외에도 최근 국제보건에는 기후 및 자연 재난으로 인한 인도적 지원, 정책적, 사회적 문제로 인해 발생하는 기근과 난민 건강, 효율적인 자원 활용을 위한 통합프로그램 개발 등이 활발히 논의되고 있다.

국제보건 문제에 대응하는 활동 주체들도 진화 발전해 왔다. 앞에서 주요 국제보건 활동 주체들이 어떻게 창설되고 활동해왔는지 설명하였다. 다양한 국제보건 기관들은 시대에 따라 발전하고 규모가 확장되어왔는데, 지금은 UN기구, 세계보건기구 및 각 국가별 원조기관 그리고 국제보건 관련 NGO 등이 다양한 보건 문제에 대응하기 위해 활발하게 활동하고 있다. UN기구 및 세계보건기구는 각 역할을 가지고 직접 프로그램 운영 및 지원을 하기도 하지만 주로 각 국의 기관들이 기준으로 삼을 수 있는 가이드라인 등을 생성하고 각 원조기관 또는 유관 영역에서 활동하고 있는 NGO들이 그 기준에 따라 활동할 수 있도록 지원한다. 뿐만 아니라 각국의 보건의료기관은 해당 지침 및 가이드라인에 따라 보건의료 정책을 마련하고 수행하기도 한다. 한국 국제협력단과 같은 각 국의 원조기관은 원조기금을 구성하여 연구기관, 대학기관 또는 NGO 등에 보건 프로젝트를 수행할 수 있도록 기금을 지원하기도 하며, 현장에서 파트너들과 직접 국제보건 프로그램을 운영하기도 한다. 그 외에 '미국질병관리본부CDC'와 같은 기관은 질병관리 및 통제를 중심으로 직접 프로젝트를 수행하거나 타 기관에 기금을 전달하여 간접적으로 국제보건 사업을 수행하기도 한다. 또 하나의 중요한 국제보건 활동 주체인 NGO의 경우, 현재 전 세계적으로 큰 규모의 NGO 외에도 각 국가 내 소규모로 운영되는 NGO까지 합쳐져 수많은 NGO들이 전 세계에서 국제보건 문제에 대응하여 활동을 전개하고 있다. 대부분의 NGO는 개발도상국이 처한 다양한 부분의 문제에 대응하여 크고 작은 현지 활동을 전개하고 있다. 이들 국제보건 및 보건의료 영역의 전문 NGO들은 각 단체별로 모금된 후원금을 통해 활동을 독립적으로 수행하고 있으며, 사안과 상황에 따라서는 UN, 세계보건기구, 국가별 원조기관의 기금 지원 또는 파트너십 구축을 통해 프로젝트를 수행하기도 한다. 이러한 다양한 주체들이 수행해온 국제보건 이슈에 대한 대응 사례를 살펴보고 국제보건의 향후 방향과 흐름을 알아보도록 하겠다.

▌ 재난 재해: 아이티 대지진[23)]

2010년 아이티 지진은 2010년 1월 12일 현지 시각 오후 4시 53분 9초에 발생하여 수도를 포함한 국가 전체를 황폐하게 했다. 아이티의 수도인 포르토프랭스Port au Prince에서 남서쪽으로 약 17km 떨어진 곳에서 리히터 규모 7.0의 강도로 발생하였다. 이후에도 각각 5.9 및 5.5 강도의 강한 여진이 뒤따랐다. 지진이 일어난 수도의 인구는 당시 약 1백만 명, 수도권 인구는 3백만여 명으로 피해가 더욱 컸다.[24)] 이 지진은 200년 만에 발생한 가장 강력한 지진으로 피해 또한 최근 전례가 없을 정도로 심각했다. 약 350만 명이 지진의 영향을 받았고, 22만여 명의 사망자가 발생했다. 150여만 명이 집을 잃었고, 정부 건물의 60%가 손상되거나 붕괴되었다. 특히 수도 인근에서 발생한 지진으로 피해는 더 심각했으며 구호 및 복구를 위한 기능에도 문제가 발생하였다. 수도의 파괴로 정부 기구의 역할에도 영향을 미쳤으며, 유엔 평화유지군 및 유엔 기구도 물리적 피해를 입게 되었다. 뿐만 아니라 공항과 항구의 파괴로 물자 운송 등이 어렵게 되었다. 무엇보다도 구호 및 복구가 어려웠던 것은 2010년 10월 콜레라의 발발 때문이었다. 2011년 7월까지 약 6천 명이 사망했으며 약 22만 명이 감염되었다.

아이티 대지진은 지진이 발생하자마자부터 복구까지 전 세계적으로 대부분의 국제기구, 원조기관 및 NGO가 들어와 대규모로 활동을 한 자연 재해였다. 세계보건기구 및 범미보건기구를 중심으로 '건강 클러스터(Health Cluster)'가 구성[25)]되어 다양한 기관들이 UN 리더십 아래에서 활동을 진행하였다. 상황과 피해의 규모로 보아 각 기관들의 협력이 없었다면 제대로 된 구호 및 복구 활동이 어려웠을 것이다. 미국질병관리본부는 3단계 대응체계에 맞추어 전염병 감시 및 전염병 검사를 위한 실험실을 지원하였으며,[26] UN은 국제기관 및 각국 정부, NGO와의 지원 분야별 조직을 구성하고 활동을 조율하였다. 지원 분야별로 조직된 12개의 클러스터 중에서는 범미보건기구PAHO뿐만 아니라, 유엔아동기금UNICEF, 유엔인구기금UNFPA, 유엔세계식량계획WFP과 국제이주기구IOM가 각각 식수위생, 여성 폭력피해 예방, 식량 조달, 이재민 캠프 마련 등 공중보건 분야에서 지원 활동을 진행하였다. 본 구호 활동에는 주요 국제NGO들도 적극 참여하였으며 대표적으로 월드비전은 미국국제개발처USAID 및 타 국제NGO와 협력하여 캠프 내 클리닉 운영, 커뮤니티 중심 정신 건강 프로그램 운영, 모유 수유 교육 제공, 분만키트 제공 등 기본 프로그램을 운영하였다.[27]

그러나 건강클러스터는 지진 발생 첫 한 달 동안 긴급하게 구성된 것이었으며, UN 및 세계보건기구의 리더십은 잘 작동되지 않았다. NGO들의 활동 역시 사전에 계획된 활동들이 아닌 갑작스레 구성된 내용으로 타 NGO와 협력 문제 및 활동의 중복 등 문제 요소가 있었다. 1~2개월 후가 되어서야 주요 기관의 책임자급이 아이티에 들어와 리더십을 발휘하면서 클러스터 내 활동이 더욱 원활하게 진행되었다. 그러나 재난 시 많은 NGO가 현장에서 활동한다고 해서 과연 성공적인 구호 및 복구 결과가 나오는 것일까에 대한 비판적 시각이 상당수 존재했다. NGO들의 상호 협력이 부족했고, 경험이 많지 않은 인력들의 활동, 현지인력 고용 미비 등에 대해 많은 비판을 받았다.[28] 향후 유사한 재난 상황이 있을 경우를 위해 비판받은 점들을 교훈으로 삼아 개선한다면 더 효과적으로 목표를 달성할 수 있을 것이다.

기근 : 남수단[29]

UN에서 개발한 5단계 분류에 따르면 20%의 인구가 제한된 경작 능력과 극심한 식량 부족에 직면하거나 5세 미만 어린이의 급성 영양실조 비율이 30%를 초과할 때, 또는 1일 1만 명당 2명 사망 혹은 1만 명당 4명의 어린이가 사망하는 상태에 도달할 시 기근이라고 한다.

남수단은 2011년 수단으로부터 독립 후, 2013년 12월 남수단의 내전 발생으로 수만 명이 사망하고 거의 400만 명이 집을 잃게 되었다. 수만 명의 시민은 임시 캠프로 대체된 유엔 기지에 있는 난민촌으로 몰려들었다. 내전이 계속되면서 식량을 생산하지 못하게 되고, 물류도 원활하지 못하게 되었으며, 600%의 심각한 인플레이션을 겪으며 시민들은 식량을 확보하기가 더욱 어렵게 되었다. 결국 2017년 2월 기근이 선포되었으며 2018년 현재까지도 극심한 식량난을 겪고 있다.[30] 남수단의 극심한 식량난으로 현재까지 700만 명이 원조를 필요로 하고 있으며 인구의 56%인 570만 명이 굶주림에 처해 있는 것으로 추산된다. 또한 계속되는 내전으로 210만 명 이상이 수단, 에티오피아, 케냐, 우간다 등 인접국의 국경을 넘어 난민이 되었으며, 약 190만 명이 남수단 내 실향민이 되었다.[31]

보건문제에 있어서는 기근으로 인해 영양 상태가 나빠지면서 면역력이 약해지고 우기의 폭우로 인해 다양한 감염성 질병이 나타났다. 말라리아 발병은 2016년에만 2백만 건, 사망자는 500건으로 보고되었다. 콜레라는 2만 1천 건이 발생하였으며, 발병초기인 2016년 6월부터 2017년 말까지 콜레라로 인해 4,000명이 사망했다. 최근에는 뇌수막염 의심사례 162건이 보고되었다. 또한 급속한 식량 불안정과 보건의료 서비스에 대한 접근성 부족은 급성 영양실조로 이어졌다. 2018년 2월까지 1백만 명 이상의 어린이와 34만 명이 넘는 임산부 및 수유부 여성이 급성으로 영양실조를 겪고 있는 것으로 추정되며, 글로벌급성영양실조(Global Acute Malnutrition)의 남수단 전국 유병률은 응급한계점 이상인 15%로 나타나고 있다. 이에 따라, 남수단 기근에 대한 보건 분야에 각 국제기관의 지원이 이뤄졌다. 세계보건기구는 인도주의 활동 파트너기관과의 조정 능력과 중앙 및 주 정부 차원에서 비상사태 대비 및 대응능력을 강화시키기 위해 남수단 보건 당국에 기술적 지원 및 재정적 지원을 제공했다.[32] 미국질병관리본부는 남수단에서 주로 HIV/TB 관련 프로그램을 추진 또는 진행하고 있었기 때문에 남수단 내 기근과 관련한 직접적인 지원은 없었으나,[33] 오랫동안의 전쟁과 기근으로 사회의 공중보건체계가 무너지고, 사람들의 면역력도 약해져 미국질병관리본부가 추진하는 프로그램이 의미가 있다고 볼 수 있다. UN 산하기관인 유엔식량농업기구FAO는 기근 집중지역에 농작물 및 야채 씨앗, 그리고 영양이 높은 음식을 제공하기 위한 어류 및 유제품 키트 등을 제공하는 것과 동시에 식량 생산에 필요한 비상식량 작물 재료를 제공하는 등 기근의 근본적 해결을 중심으로 지원하였다.[34] 국제NGO 중 하나인 '국제구호위원회[35]'는 지역 보건시스템 강화 및 확대, 산모 및 생식보건 서비스 지원, 전염병 및 위생 관련 질병 예방 홍보, 지역사회에서 의료시설로의 전원 강화 등 예방 가능한 질병의 발생을 감소시키기 위한 현장 대응 활동을 중심으로 지원하였다.[36]

사례를 통해 지원내용들을 살펴보면, 극심한 식량 부족으로 영양실조 비율이 높아지는 것이 가장 큰 문제이고 문제 해결을 위해 식량 제공이 가장 시급하다고 잘못 이해할 수 있다. 그러나 실제 피해 결과에서 보았듯이 기근으로 인한 전염병 발생이 증가하게 되므로 깨끗한 식수, 손 위생을 위한 시설 지원, 질병 발생 감시 및 예방접종 지원 등이 중요하게 진행되어야 한다.[37]

감염성 질환[38]

풍토병(Endemic) : **소아마비**(Poliomyelitis)[39]

소아마비는 폴리오Polio 바이러스에 의해 발생하는 매우 전염성이 강한 질환으로, 주로 5세 미만 아동들에게서 발병하며 바이러스가 신경계에 침입하여 수 시간 내 마비 증상을 일으킨다. 소아마비의 치료는 골격 기형이나 다른 합병증을 최소한으로 줄이는 것이 목적일 뿐, 정상으로 되돌리는 완치가 불가능해서 예방접종을 통한 예방만이 유일한 방법이다. 폴리오바이러스는 대변-구강 또는 오염된 물, 음식 등 무생물매개체의 경로를 통해 사람과 사람사이에서 전파된다. 감염 초기 발열, 피로, 두통, 구토, 목 부위의 뻣뻣함, 사지의 통증 등의 증상을 동반하며 감염환자의 0.5%는 영구적인 마비를 갖게 되고 마비 환자의 5~10%는 호흡근의 마비로 사망한다.

소아마비는 1988년 당시 125개국에 걸쳐 35만 건에 달했으나 2017년 보고된 발생 건수는 22건으로 99% 이상 감소하였다. 소아마비를 발생시키는 바이러스는 3가지 종류가 있는데, 그 중 유형2는 1999년 근절되었고 유형3의 경우 2012년 11월 나이지리아에서 발생한 것을 마지막으로 아직 보고되지 않고 있다. 소아마비 근절은 전 세계 다양한 기관들이 협력하여 그 목표를 달성한 성공사례로 꼽힌다. 세계보건기구의 주도 아래 출범된 글로벌 소아마비 근절 이니셔티브[40]는 국제보건문제 해결을 위한 협력 방법에 대해 많은 교훈을 던져준다. 1988

년 제41차 세계보건협의회에서 전 세계 소아마비 근절을 위한 결의안을 채택한 이후, 세계보건기구, 로타리인터네셔널, 미국질병관리본부, 유엔아동기금이 주도하고 게이츠재단 등 주요 파트너가 후원하는 '글로벌 폴리오 박멸 이니셔티브GPEI[41]'가 출범하였다. GPEI의 출범 이후, 2013년 5월 제66차 세계보건협의회에서 2013-2018 폴리오 박멸과 최종 전략 계획[42]이 수립되었으며 이는 소아마비를 완전히 근절함으로써 GPEI의 목표를 완수하기 위한 구체적 추진전략을 담고 있다. GPEI은 폴리오 박멸에 있어서 몇 가지 교훈을 주었다. 소아마비 예방접종을 위한 사회적지지 동원, 폭넓은 헬스커뮤니케이션을 위한 발판으로 목표 질환 이니셔티브활용, 전 세계적, 지역적, 국가적 네트워크의 필요성, 실시간 질병 감시 및 대응능력, 데이터 분석 및 예방접종 프로그램 모니터링, 분쟁지역 내 활동전략 수립 및 소아마비 미발생 국가로의 감염 확산에 대한 위험 분석 등이다.

GPEI의 일환으로 직접적인 활동 수행을 위한 핵심그룹 폴리오 프로젝트가 구성되었는데, 본 프로젝트는 사무국 모델을 활용하는 혁신구조로, 여러 기관을 조정하는 사무국 역할의 기관을 두고 총 7개국, 48개 기관이 함께 수행하는 프로젝트이다. 사무국은 각국의 파트너 NGO의 업무를 조정하고 감독하는 중심 국가 사무소 역할을 하였다. 뿐만 아니라, 소아마비 박멸을 위해 시민사회를 대표하여 보건 관리국, 세계보건기구, 유엔아동기금, 미국질병관리본부, 로타리 및 기부자들을 대상으로 애드보커시 활동을 하였고 국가 및 글로벌 정책을 회원 NGO들에게 전달하는 중심축 역할을 수행하였다.[43]

유엔아동기금과 게이츠재단은 GPEI의 세부 활동 수행을 위한 자금 조달에 많은 역할을 했는데, '일본국제협력기구JICA'도 이에 동참하여 2014년 나이지리아에 80억 엔에 달하는 공적개발원조 자금을 차관

형태로 제공하였다.[44] 이는 수원국이 사업 목표를 달성할 시, 게이츠 재단이 해당 차관 금액을 일본 정부에 대신 상환하는 혁신적인 방법이었다.

유행병(Epidemic) : 에볼라(Ebola haemorrhagic fever)[45]

에볼라 바이러스병은 야생동물에서 사람에게 전파되는 바이러스로 사람에게 치명적인 질병이다. 에볼라 바이러스의 자연숙주는 과일박쥐일 것으로 추정되고 있는데, 바이러스에 감염된 침팬지, 고릴라 등 동물의 혈액, 신체 분비물, 장기 등과의 접촉으로 인해 인구집단 내 감염이 시작되었다. 사람 간 전파는 피부 상처나 점막이 감염된 사람의 혈액, 신체 분비물, 체액의 직접 접촉뿐만 아니라 이에 오염된 침구와 옷에 접촉할 경우에도 감염되며, 잠복기는 약 2일~21일로 사람의 경우 증상이 발현될 때까지 전염성이 없다. 초기질환은 발열을 동반한 피로, 근육통, 두통 등이고 이는 점차 구토, 설사, 피부발진, 신장 손상, 간 기능 이상 등으로 이어지며 신체 내, 외부의 출혈을 동반한다.

2014년과 2016년 사이에 발생한 서아프리카 지역 에볼라는 1976년 이후 가장 피해규모가 컸으며, 기니를 시작으로 시에라리온과 라이베리아에 전파됐다. 서아프리카의 첫 에볼라 사례는 2014년 3월 23일 세계보건기구에 의해 보고된 시에라리온과 라이베리아에 국경을 접한 기니의 남동부 지역에서 발생한 사례였고, 이미 원인이 불분명한 감염 전파 경로가 수 개월간 지속된 상태였다. 감시체계와 공중보건 인프라의 부재로 인해 에볼라 감염에 영향을 받은 국가들은 급속히 확산되는 발병에 효과적으로 대처할 수 없었다. 에볼라가 도시 지역으로 확산되고 국가 간 전염병으로 확대되면서, 에볼라가 발생한 주요 3개국의 제한된 격리시설과 치료역량은 발병속도를 따라잡을 수가 없었다. 또한 불완전한 감염관리는 보건의료 시설 내에서 에볼라가 전파되는 결과를 낳았고 그 결과 의료시스템이 붕괴되었다. 부적절한 질병 감시 보고체계는 감염 확산 통제를 위한 노력들을 무너뜨렸으며 특히 접근성이 떨어지는 지역의 감염 발생에 대해 불완전한 정보 수집의 결과를 초래하였다. 에볼라 확산이 꾸준히 증가하자, 세계보건기구는 에볼라 상황을 국제 공중보건 긴급사태로 선언하였다. 세계보건기구는 2016년 3월까지 시에라리온, 라이베리아, 기니에서 발생한 누적 사례들을 보고하였는데, 2014년부터 2016년간 해당 3국에서 보고된 에볼라 감염자 수는 약 28,610명, 이 중 사망자 수는 약 11,308명에 달했다.[46] 2014년 9월 에볼라 확산이 극에 달하였을 때, UN은 전례에 없던 UN에볼라 긴급대응미션UNMEER이라는 긴급 보건 미션을 구성하였는데 이는 에볼라가 확산되기 시작한 시기를 고려하면 매우 늦은 대응이었다.[47]

2013년 12월부터 기니 등에서 시작된 에볼라는 2014년 6월부터 9월까지 발생 건수가 10배 가까이 증가했고 에볼라에 대한 두려움은 많은 국제 구호단체들을 마비시켰다. 홍수와 지진, 자살폭탄 테러의 위협에 익숙하게 대처하던 국제사회도 급속히 확산되는 치명적인 전염병 앞에서는 선뜻 나서는 것을 꺼렸다. 전문 인력 모집의 어려움과 빈번한 이탈은 에볼라 사태의 초기대응 규모를 확대하지 못하게 한 주요 장애물이었다. 많은 인력들이 에볼라 대응 활동에 참여하지 못한 주된 원인 중 하나는 국제 인력들에게 의료 후송서비스가 보장되지 않은 데 있었고 그러한 비상계획은 서구 정부와 수개월 간 조정되지 않았다.[48] 적은 수의 정부 원조기관과 국경없는의사회, 사마리아인의지갑, 적십자회 등의 NGO들이 현장에서 에볼라 관련 활동을 수행했고 각 국가의 의료진을 포함한 현장 활동가들은 에볼라가 더욱더 빠르게 확산함에 따라 극한에 치닫게 된다. 수 개월간 에볼라 치료소는 그

규모를 넘어서는 환자 수에 새로운 환자를 받을 수 없었고 부족한 역학 및 진단검사 역량과 로지스틱 관리의 실패는 에볼라 치료소 내 필수 기기와 소모품을 원활히 보급하지 못하는 결과를 낳았다.

  에볼라 사태는 세계보건기구의 비상 대처 역량에 엄청난 부담을 주는 것으로 나타났고, 세계보건기구는 이미 전 세계에 걸쳐 발생한 여러 비상사태에 대응하고 있던 상황이라 에볼라 발생 지역에 대규모의 의료팀을 배치하지 못했다. 세계보건기구는 긴급 대응 운영 능력도, 조정할 자원도 없었으며 세계보건기구가 세계 각국에 요청한 지원금은 8월 초 7천1백만 달러에서 9월 초 6억 달러로 10배가량 증가했다. '미국국제개발처USAID' 등 주요 원조 기관들이 자금지원을 하였으나, 세계보건기구에서 요청한 지원금은 2014년 말 기부자가 급증할 때까지 채워지지 않았다. 미국질병관리본부도 긴급운영센터를 활성화하여 미국 정부 및 세계보건기구, 국제파트너들과 질병 통제를 위한 기술을 지원하고 서아프리카 지역에 공중보건 전문가팀을 배치하기도 하였다. 하지만 이러한 상황에서 단순히 특별한 기술을 지원하고 미션공동체를 출범하는 것은 해결책이 되지 않았다. 세계보건기구와 UN의 각기 다른 보고체계, 불충분한 책무성은 국제사회가 다분야적 건강 위기에 통합적으로 대응하지 못하는 결과를 보여주었고, 2013년에 조직된 '유엔위기센터UNOCC[49)]'는 운영 역량, 분석적, 감시적 역량에도 부족함을 드러냈다.

지구촌전염병(Pandemic) : 결핵·HIV 공동감염(TB·HIV Coinfection)[50)]

결핵은 심각한 건강 위협 요소 중 하나인데, 특히 HIV에 감염된 사람에게는 더 위험하다. HIV 감염자는 비감염자보다 결핵에 감염될 가능성이 16~27배 높고, 결핵은 HIV 감염자의 주요 사망 원인 중 하나이다.

결핵균 보균자가 HIV에 감염된 경우 HIV비감염자에 비해 활동성 결핵으로 발전할 가능성이 매우 높으며 HIV와 결핵에 모두 감염된 사람의 경우 AIDS로 정의될 만한 증상을 보이기도 한다. 2015년 전 세계적으로 약 1천만 4천 건의 결핵 감염이 보고되었고, 그 중 11%에 달하는 1백만 2천 건이 HIV 보균자였다. HIV와 결핵에 동시에 감염된 환자 중 약 60%가 제대로 진단받지 못하거나 치료받지 못한다고 보고되고 있으며, 이로 인해 2015년 HIV와 결핵 공동 감염자 중 390,000명을 사망으로 이끌었다.[51] 이러한 공동 감염에 대해 세계보건기구는 인식 개선 캠페인 진행, 치료역량 강화, 예방 등 통합 프로그램을 권고하고 있으며, 미국질병관리본부는 감시체계운영 및 진단 치료 가이드라인 개발을 진행하였다. 특히 유엔아동기금은 모자보건에 대한 통합적 접근을 통해, 결핵 아동과 그 가정을 대상으로 모자보건, HIV, 영양 등의 통합 서비스를 제공하였다.

결핵과 HIV 공동감염에 대한 NGO 대응 사례는 콩고 민주 공화국(DR콩고)에서 찾아볼 수 있다. 세계 결핵 고부담 22개국 중 10위에 있는 DR콩고는 결핵과 HIV 공동 감염이 많은 나라 중 8위에 위치해 있다. 결핵과 HIV의 공동 감염률이 높은 원인은 결핵과 HIV 프로그램 간 비효율적인 조정, 질환 관리에 대한 교육 부족, HIV 검사 도구 부족 등이다. NGO인 'PATH'는 미국국제개발처(USAID)의 지원 아래 DR콩고 보건부와 함께 결핵과 HIV 통합 중재 사업을 수행했다. 주요 활동은 결핵/HIV 프로그램 계획을 위한 국가 단위, 지방(District) 단위 합동회의 지원, 의료진 역량 강화, 진단키트 재고 관리 등이었으며 PATH는 지역 주민을 위한 결핵/HIV 인식개선 자료를 만드는데 지역사회 네트워크를 적극적으로 활용했다.[52] 이 단체는 효과적인 결핵 / HIV 조정 메커니즘을 제공하기 위해 국가 결핵 및 HIV/AIDS 관리 프로그램과 협력하여 통합 정책 지침 개발을 지원하였고 이는 기존의 결핵 관리 프로그램과 HIV 관리 프로그램 간 통합을 방해하는 병목 현상을 해결하는데 큰 효과가 있었다. 인적 자원 문제에 직면하게 될 때는, 일시적으로 기술 지원 담당자를 해당 현 단위에 배치하여 일상적 기술지원과 교육이 가능하게 함으로써 현장 활동계획, 실행 및 모니터링 능력을 향상시켰다. 뿐만 아니라 데이터 유효성 확인을 위한 정기 회의를 통해 주 정부, 현 단위, 의료시설 직원 간의 의견과 실현 가능한 해결 방안들을 공유하며 프로그램 개선을 위한 데이터 활용을 증가시켰다. 또한 PATH는 중앙정부부터 지방 단위, 지역주민 단위에 모두 통합적으로 접근하였는데, 각 단위의 특성에 맞는 관리방법을 적용함에 따라 사업의 효과를 더욱 확장시킬 수 있었다.

▌ 만성질환: NCD 프로젝트(당뇨, 암, 심장병 등)

만성질환(Noncommunicable diseases, NCDs)은 비감염성 질환 혹은 비감염성 만성질환이라고 하며, 사람 간의 전염성이 없이 오랜 기간 천천히 진행되는 특징을 가지고 있다. 대표적인 질환은 주로 심근 경색이나 뇌졸중과 같은 심혈관질환, 천식이나 만성 폐색성 폐 질환과 같은 호흡기 질환, 암 그리고 당뇨 등이다. 만성질환으로 인해 매년 4천만 명이 사망하고 있으며, 이는 전 세계적으로 전체 사망자의 70%에 해당한다. 매년 1천 5백만 명이 30세에서 69세 사이의 나이에 만성질환으로 사망하며, 이러한 조기 사망의 80% 이상은 저소득 및 중간 소득 국가에서 발생한다. 2030 지속가능개발 의제(The 2030 Agenda for Sustainable Development)[53]'에 포함된 만성질환은 2030년까지 만성질환으로 인한 조기 사망을 3분의 1로 줄이겠다는 목표 달성을 위협하고 있다. 심혈관질환 사망자는 1천

770만 명에 이르며, 암(880만 명), 호흡기 질환(390만 명), 당뇨병(160만 명)이 그 뒤를 쫓고 있다. 이 네 개 그룹의 질병은 모든 조기 만성질환에 의한 사망의 80% 이상을 차지한다. 흡연, 신체 활동이 없는 경우, 과도한 음주 및 건강에 해로운 식사 습관 등은 모두 만성질환으로 인한 사망 위험을 증가시킨다.[54] 만성질환은 오랫동안 선진국에서만 우려해왔던 문제였으나, 개발도상국에서도 경제성장 과정에서의 급격한 도시화로 인한 생활습관의 변화, 세계화에 따른 패스트푸드 보급화 및 식단의 변화와 인구 고령화로 만성질환에 대한 우려가 커지고 있다. 또한 만성질환은 "지속 가능한 발전을 위한 주요 도전 과제 중 하나"로 인식되어왔다. 세계보건기구에서도 만성질환 예방과 관리에 대한 2013-2020년 글로벌 액션플랜을 수립하고 음주, 흡연, 건강하지 못한 식습관, 신체활동 부족 등의 만성질환 위험요인 예방과 관리를 위해 가이드라인을 개발 및 보급, 회원국들의 다부문간 협력 방안을 지원하는 등 만성질환 문제에 대한 전 지구적 노력이 조직화되고 강화됨에 따라 전 세계적으로 더 많은 주목을 받고 있다.

현재 아프리카를 제외한 모든 지역에서 만성질환이 주요 사망 원인으로 나타나고 있으며, 2030년까지 아프리카에서도 만성질환이 주요 사망 원인이 될 것으로 예상된다. 또한, 만성질환 증가로 인한 부담은 질병 발생으로 인한 생산성 저하, 조기 사망에 대한 경제적 비용이 증가함에 따라 커지고 있다. 계속해서 만성질환 발병률이 상승 추세를 보이면 2011년부터 2030년 사이에 47조 달러의 생산 손실을 초래할 것으로 추산된다. 이러한 점으로 보아 만성질환이 건강 문제에 있어 점점 더 중요성이 높아지고 있다.[55] 하지만 개발도상국 및 저소득 국가 내에서의 만성질환의 중요성이 커졌음에도 불구하고 원조기금에서는 감염성 질병퇴치를 위한 프로그램에 비해 비중이 낮다. 이러한 한계를 극복하기 위해서 UN은 세계보건기구와 함께 '비감염성질환합동대책위원회UNIATF, UN Interagency Task Force on NCDs'를 구축하여56) 만성질환에 대한 국제행동계획을 개발하고57) 만성질환 예방 및 관리를 강조하고 있으며, 미국질병관리본부에서도 만성질환 감시체계 프로그램과 같은 질병예방 프로젝트를 진행하는 등58) 최근 만성질환관련 프로그램 지원이 확대되고 있다. 그러나 가장 규모가 큰 원조기구라고 할 수 있는 미국국제개발처USAID도 만성질환관련 프로젝트에서 뚜렷한 성과를 내지 못하고 있다. 또한, 대부분의 NGO는 아직도 감염성 질환, 모자보건 위주의 프로젝트를 수행하고 있는 분위기이다. 만성질환과 관련해서는 미국의 NGO인 PATH가 케냐에서 고혈압과 HIV/ AIDS 서비스를 통합한 혁신적인 프로그램을 시행하기도 했지만,59) 대부분의 NGO에서는 소규모 캠페인 정도의 활동만 하고 있다. 이는 원조기관 및 NGO에서 기금 투입에 대한 가시적인 효과가 단기간에 나타나는 백신 접종 프로젝트 및 감염성 질환 프로그램을 선호하기 때문이다.60) 앞으로 국제보건 관련 기관들은 감염성 질환에 예방 및 관리를 위한 기금 제공뿐만 아니라 전 지구적으로 큰 위협이 되는 만성질환의 예방과 관리를 위해서도 기금을 확장하고 프로그램 수행에 노력을 기울여야 할 필요가 있다. 또한 고혈압 및 암 검진 및 예방 프로그램, 담배 세제 및 염분 감소와 같은 검증된 정책을 수립할 수 있도록 하는 등 만성질환을 기존 보건 의료 프로그램에 통합하려는 개발도상국의 노력이 성공할 수 있도록 확장된 기금을 제공해야 한다.61)

▌ 모자보건: 조기 아동 발달(Early Childhood Development)62)

조기 아동 발달은 0~8세 사이 아동의 신체, 사회정서, 인지 및 운동

발달을 포함한다. 아동 발달의 초기 단계는 뇌가 가장 빨리 발달하고 변화할 수 있는 높은 가능성을 갖는 시기이기 때문에 매우 중요한 시기이다. 전 세계적으로 약 6백만 명의 5세 미만 아동이 매년 사망하고 이 중 약 200만 명의 아동이 발달에 있어 잠재력을 완전히 발휘하지 못하는 것으로 보고되고 있다. 이는 평생 동안 개인의 건강에 중대한 영향을 미치며, 국가적으로도 인적 자본에 있어서 상당한 손실을 끼치게 된다. 아동기는 잠재성이 풍부한 시기이지만 가장 취약한 시기이기도 하다. 보살핌과 양육, 균형 있는 영양 및 안전한 환경은 아동이 자신의 잠재력을 최대한 발휘하여 배우고 성장하며 발전하는 데 매우 중요하다. 아동이 잠재력을 최대한 발휘하도록 보장하려면 아동의 생존 및 발달, 교육, 보건, 아동 보호 및 사회 정책 등과 관련한 프로그램이 수행되어야 한다.[63]

세계보건기구와 유엔아동기금은 의료인력 및 기타 상담사를 대상으로 한 중재 패키지로 '아동발달을위한돌봄Care for Child Development, CCD'을 도입하였는데, 이는 부모와 자녀의 관계를 강화하고, 가정에서 자녀를 돌볼 때 생기는 문제를 해결할 수 있도록 돕기 위한 것이다. 아동 발달을 위한 돌봄 프로그램은 놀이와 의사소통과 같은 간단한 활동으로 아동의 성장과 발달을 증진시키며 정신적 스트레스와 질병을 감소시키고자 기획된 프로그램이다. 해당 프로그램은 영양 및 건강 중재를 통합하여 아동이 신체적, 정신적으로 모두 건강한 성장과 발달을 누릴 수 있도록 하며 아동 개인이 아닌 지역사회와 가정을 대상으로 운영된다. 조기아동발달은 세계보건기구와 유엔아동기금의 주도 하에 근래 들어 중요성이 강조되고 있다. 유엔아동기금은 조기 아동 발달과 관련하여 통합적인 아동 발달을 위한 사업을 추진하고, 관련 교육자료 및 가이드라인을 개발하였다. 뿐만 아니라 조기 아동 발달의 중요성을 피력하기 위해 이를 증명할 수 있는 다양한 연구를 세계보건기구와 함께 추진하고 있다.

실제 프로젝트 수행에서 유엔아동기금은 4가지 영역에서 아동발달에 힘쓰고 있는데, 이는 1) 건강, 영양, HIV/AIDS 교육 및 보호, 2) 가족 및 공동체 내 아동의 돌봄, 3) 유아 발달 정책, 4) 아동기 평화구축이다. 유엔아동기금은 향후 정부, 유엔아동기금 및 기타 파트너가 지원하는 조기 아동 발달 프로그램을 강화하고 확대하여 부모, 보호자 또는 기타 돌봄 제공자가 어린 아동의 발달을 위해 적절한 중재 및 서비스를 제공할 수 있도록 하는 것을 목표로 하고 있다.

▎난민 건강

난민 건강은 소아마비 및 HIV/AIDS와 같은 감염병처럼 많은 자원과 관심을 필요로 하는 "금세기의 공중 보건 위기"라고 불리고 있다. 전쟁의 외상에서부터 여성의 건강에 이르기까지, 난민에게 제공해야 하는 보건의료 서비스는 폭넓고 복잡하여 난민 수용 국가 및 구호 단체에 많은 어려움을 주고 있다. 전쟁이나 인종적, 정치적 폭력을 피해 온 많은 난민들은 이주 과정에서 착취와 학대를 당하는 경우가 많아 우울증, 정신분열증 및 외상 후 스트레스 장애(Post Traumatic Stress Disorder, PTSD)와 같은 정신 건강 문제에 취약하다. 특히 분쟁지역에서 태어난 일부 어린이는 평생 특정 스트레스를 안고 살아가기도 한다.[64] 또한, 대부분의 난민이 거주하고 있는 개발도상국은 공중보건 자원이 부족하여 난민이 치료를 받는 것이 어려울 수도 있으며, 개인이 치료비를 부담해야 하는 상황이 많다. '여성난민위원회Women's Refugee Commission' 에 따르면, 여성 난민은 특히 성생식 보건의료 서비스가 부족한데,

이는 여성 난민과 가임기 연령 여성들 사이에서 사망, 질병 및 장애의 주요 원인이 되기도 한다. 난민은 제한된 의료 혜택을 받는 캠프에서 생활하게 되기 때문에 특히 급성 및 만성질환뿐만 아니라 전염병에 취약한 편이다. 난민 거주지의 주요 사망 원인은 영양 부족, 홍역, 설사, 폐렴, 말라리아이다.

난민 캠프는 주로 국제사회 기구 및 원조기관, NGO 등에 의해 운영되는데, 캠프에서 난민의 건강 문제가 효과적으로 관리되지 않는 이유는 물류 및 행정상의 어려움, 계획 및 조정 부족, 예측 불가능한 예산 삭감 및 지속 가능한 프로그램을 수립할 수 없다는 점 등의 문제들 때문이다. 이러한 문제들로 인해 지속적인 최소한의 보건의료 서비스를 난민들에게 지원하는 기관은 대부분이 대표적인 국제기구들이다. 세계보건기구는 먼저 지속가능개발목표 3.8에 해당하는 난민의 건강권 증진, 난민과 이주민을 위한 보편적 건강 보장(UHC), 양질의 보건서비스에 대한 공평한 접근성 달성을 목표로 지침 및 가이드라인을 마련하였다. 이를 활용하여 각 지역별 세계보건기구 사무소에서 지역 파트너들과 모니터링 및 캠페인을 실행하고 있다. 대표적인 난민지원 기관인 유엔난민기구는 난민 수용국가의 정부 및 지역 구호단체, 기타 파트너와 협력하여 캠프 설치 및 관리, 난민 기초생활 지원 등을 통해 난민 정착을 돕고 있다. 특히 최근 이슈화되었던 미얀마 로힝야족 Rohingya 난민지원과 관련하여, 위생시설 구축을 위해 총 8,000개의 화장실을 건설 중이며 상위 의료기관으로의 응급환자 전원체계를 지원하고 성폭력 대비 안전공간을 확보해주고 있다.[65] 이 외에 대부분의 국제기구 또는 구호단체들의 지원은 구호물품 제공이 큰 비중을 차지, 가장 시급한 위생시설 및 기초의료서비스 지원은 부족한 실정이다. 특히 난민 중에서도 가장 취약한 여성과 어린이에 대한 보건의료 서비스 지원이 매우 부족한 상황이다. 시리아 여성 난민의 건강요구도와 이를 충족시키기 위한 개선방안 관련 연구에 따르면,[66] 여성 난민이 이동 중 또는 캠프에서 출산을 하는 상황이 거의 매일 발생하지만, 그에 대한 지원이 부족하여 여성 건강 및 신생아 건강이 위험에 노출되어 있다. 또한, 어린 여성들은 여성이라는 지위와 어린 나이 때문에 성폭력 및 여성 보건문제 등에 있어 더 많은 어려움을 겪고 있다. 난민들의 건강 문제가 주요한 프로그램으로 수행되는 것이 중요함에도 불구하고, 대부분 난민 관련 기관들은 보건문제를 별도의 프로그램으로 수행하지 않고 있다. 많은 난민의 건강 문제 중에서도 가장 취약한 여성과 아동 보건문제 개선에 대한 활동이 절실하고, 특히 많은 NGO에서 이러한 활동에 참여하는 것이 필요하다.

추가적으로 난민 건강 문제에 있어 주의 깊게 살펴보아야 할 부분은 기후변화로 인한 난민 발생이다. 기후난민(Climate Refugee)이란, 지구 온난화 및 개발에 의한 기후변화로 발생하는 홍수, 폭설, 가뭄 태풍 등 자연재해 사태로 삶의 터전을 잃고 떠돌아야 하는 사람들을 말한다. 그러나 이러한 난민들은 국제조약인 '난민의 지위에 관한 협약(1951)'에서 인정하는 난민으로 분류되지 못하기 때문에 기후변화 이재민들을 난민으로 부르지 않는다. 동 협약이 인정하는 난민은 '인종, 종교, 국적, 특정 사회집단의 구성원 신분 혹은 정치적 의견을 이유로 개인의 생명이나 자유가 위협받을 우려가 있는' 경우에만 해당하기 때문이다.[67] 기후난민은 여러 가지 형태로 발생하게 된다. 남태평양의 투발루 같은 국가처럼, 기후변화로 인한 해수면 상승으로 섬이 수몰되어 삶의 터전을 잃게 되는 경우도 있지만, 기후변화의 영향으로 발생한 슈퍼엘니뇨 현상이 가뭄을 일으켜 수많은 사람들의 삶의 터전을 빼앗아가기도 한다. 2015년 미국 콜롬비아 대학의 리처드 시거 교수가 발표한 논문[68]에 의하면, 기후변화로 인한 가뭄의 발생이 내전의 가능성을 2~3배 높였으며, 수많은 난민 발생으로 이어지게 된 것이라고 말한다. 국제이주기구에 따르면, 기후변화로 인한 난민은 2050년까지 2억 명 이상이 발생할 것으로 예상하고 있다. 또한 난민의 지위도 인정받지 못하는 기후난민들은 이재민의 지위로 유엔난민기구 또는 NGO 등의 지원을 받는다고 하더라도 건강 문제에 있어서 더욱 취약하다고 할 수 있다. 이렇듯 현재 기후난민에 대한 건강 문제 지원은 제한적이며, 앞으로 난민 건강 문제에 있어서 더 많은 국제기관 및 NGO 등이 관심을 가지고 프로그램들을 확대할 필요가 있다.

지금까지 국제보건의 방향을 국제보건의 역사와 배경, 국제보건 이슈, 대표적 국제보건 이슈에 대한 국제사회의 대응 및 활동사례를 통해 살펴보았다. 국제보건의 개념 범주에서 국제보건의 출발점이 되는 19세기부터 현재에 이르기까지 식민지배, 냉전과 전쟁, 산업화와 도시화, 자연재난재해, 기후변화에 이르기까지 다양한 원인과 배경으로 인해 인류의 건강과 그에 따른 형평성 담보라는 측면에서 위기의 국면이 이어지고 있음을 파악할 수 있었다. 국제사회 내 건강불평등이 여러 가지 요인으로 점점 심화되고, 사회적 문제 및 기후변화 등 자연문제로 인해 새로운 보건 문제가 발생하고 있다. 이러한 흐름을 우리는 어떠한 관점으로 인지하고 대처해나가야 할까? 제1장에서 함께 살펴보았던 '국제보건의 방향'에서의 위기의식을 안고 제2장 '인도주의적 국제보건'에 대해 살펴보도록 하겠다.

2

인도주의적 국제보건

신상문, 김혜미, 정다은

대한민국의 국제원조 규모가 늘어나면서, 국제개발협력과 국제보건에 관심을 가진 사람들이 점차 증가하고 있다. 대학원 내에도 국제보건 전공이 생겨나고 지원하는 학생들도 늘어나는 추세이다. 그러나 국제보건을 바라보는 다양한 의견이 나오고, 정의되고 있지만 심도 깊은 논의는 제대로 이루어지지 못하고 있는 실정이다.

국제개발협력과 국제보건의 정의와 관점은 분명히 다르다. 하지만 여전히 다수의 사람들이 이들의 관계를 명확하게 이해하지 못하고 혼용하거나 잘못 사용하고 있다.

국제개발협력과 국제보건을 바라보는 관점의 차이를 확인하는 것은 매우 중요하다. 따라서 국제개발협력과의 관계 속에서 국제보건을 알아보고, 오늘날 국제보건 활동의 문제와 한계를 살펴보고자 한다. 끝으로 이를 통해 우리가 추구해야 할 인도주의적 국제보건에 대한 필요성을 살펴볼 것이다.

1. 국제개발협력과의 관계 속 국제보건

국제보건은 국제개발협력과 밀접한 관계를 가지고 있다. 그래서 인도주의적 국제보건에 대해 살펴보기 전에, 국제개발협력의 개념은 무엇인지 그리고 국제개발협력과의 관계 속에서 국제보건의 역할과 기능은 무엇인지 알아볼 필요가 있다. 한국국제협력단은 국제개발협력을 경제 및 사회발전 수준이 선진국에 비해 저조한 상태에 있는 국가인 개발도상국, 특히 OECD 개발원조위원회의 수원국 목록에 있는 국가들과의 개발과 관련된 협력이라고 정의하고 있다. 또한 개발 원조를 비롯하여 기타공적자금, 민간자금의 흐름, 순민간증여와 같이 다양한 협력방식을 통해 국제사회가 공동으로 개발도상국의 경제 사회발전을 촉진하는 활동을 일컫는다고 설명한다. 이를 통해 선진국과 개발도상국 간, 개발도상국 상호 간, 개발도상국 내에서 발생하는 개발 격차를 줄이고 빈곤과 불평등을 해소하고자 하는 것이다. 또한 개발도상국의 사람들이 세계인권선언이 주창하는 천부적 인권을 누릴 수 있게 하기 위한 국제사회의 구체적인 노력과 행위[69]라고 정의하기도 한다. 그런데 국제개발협력이라는 용어와 함께 국제협력, 공적개발원조(Official Development Assistance, ODA) 등의 용어가 유사하게 사용되기도 한다. 하지만 각각의 정의와 개념은 다소 차이가 있기 때문에 국제개발협력에 대한 정의를 정확히 내리기 위해서는 혼용되는 각 용어에 대한 개념을 파악할 필요가 있다.

국제개발협력은 국제사회에서 발생하는 모든 유무상 자본 협력, 교역 협력, 기술 및 인력 협력, 사회문화협력 등 다양한 형태의 협력을 총체적으로 일컫는다. 국제협력은 국가 간 또는 국가-국제기구 간 상호 평등한 관계를 강조하고, 경제적인 협력만이 아닌 다양한 분야의 교류를 포함하고 있다. 따라서 실질적인 재원이 이동하지 않는 단순 교류도 모두 포함하고 있다. 하지만 국제개발협력의 개념은 개발도상국의 경제성장이나 복지에 기여할 수 있는 개발재원의 이전을 의미한다. 그렇기 때문에 대개 공여국에서 수원국으로 가치가 이전되는 국제개발협력은 경제적인 개념에 초점이 맞춰져 있어서 국제협력과 달리 문화, 예술 교류 등은 제외한다.

공적개발원조는 중앙 및 지방 정부를 포함한 공공기관이나 이를 집행하는 기관이 개발도상국 및 국제기구에 제공한 자금의 흐름이라고 OECD 개발원조위원회는 정의하고 있다. 국제개발협력에 사용되는 개발재원은 공적개발원조, 기타 공적자금, 민간자금, 민간증여로 구분하는데 그 중에서 개발도상국의 개발을 주목적으로 하는 재원을 공적개발원조라고 한다. 공적개발원조는 몇 가지를 충족해야 한다. 첫째, 중앙정부와 지방정부를 포함한 공공부문 또는 그 실시기관에 의해 개발도상국 국제기구 또는 NGO에 공여되는 것이어야 한다. 두 번째, 개발도상국의 경제개발 및 복지증진에 기여하는 것이 주목적이어야 한다. 세 번째, 차관일 경우에 양허성이 있는 재원이어야 하며 증여율이 25% 이상이어야 한다. 양허성이란 시중의 일반자금 융자와 비교하여 수원국에 유리한 조건을 제공하는 것을 말한다. 그리고 증여율이란 차관 자금의 이율, 상환 기간, 거치 기간 등을 함수로 표시한 것인데, 수치가 높을수록 질 높은 원조라고 할 수 있다. 만약 상환하지 않는다면 증여율이 100%이다. 마지막으로 개발원조위원회 수원국 리스트에 속해 있는 국가 및 동 국가를 주요 수혜 대상으로 하는 국제기구를 대상으로 해야 한다.[70]

국제개발협력의 목적은 원인과 주체에 따라 다를 수 있는데 크게 정치외교적 목적, 개발적 목적, 인도주의적 목적, 상업적 목적으로 구분해볼 수 있다. 첫째, 정치외교적 목적은 국제안보 등 국가 간 관계를 포함하여 공여국과 수원국간 관계 증진을 위해 원조를 활용하는 것이다. 둘째, 개발적 목적은 자금 지원부터 기술협력까지 다양한 형태를 통해 수원국의 빈곤퇴치를 목적으로 원조를 활용하는 것이다. 또한 개발도상국의 경제성장에 기여하고, 교육, 보건 증진 등 공공서비스 분야 강화에 기여하는 것을 말한다. 셋째, 인도주의적 목적은 절대빈곤 감소 등을 통해 인권을 비롯한 인간의 보편적 기본 가치를 실현하기 위해 원조를 활용하는 것이다. 이는 우리는 빈곤이나 재난 등으로 고통 받는 사람들에 대한 도덕적 의무가 있기 때문에 인도주의적 차원에서 국제사회가 서로 협력하고 도와야 한다는 것을 의미한다. 대표적인 활동이 해외 재난지역 긴급구호 활동이다. 넷째, 상업적 목적은 민간자본투자 확대를 위한 환경 조성, 수출시장 확대 등을 위해 원조를 활용하는 것이다. 이는 개발도상국을 잠재적인 투자 시장으로 보고, 원조를 통해 투자를 촉진하고 수출을 증대하여 국가의 수익성을 높이고자 하는 것이다.

국제개발협력의 주체는 OECD 개발원조위원회 공여국, 신흥 공여국 및 개발도상국, 다자 개발기구Multilateral Development Institutions, MDI, 민간 부문으로 이루어져 있다.[71] 첫째, 개발원조위원회 공여국은 공적개발원조를 제공하는 OECD 회원국을 말한다. 2016년 헝가리의 가입으로 현재 총 30개의 국가가 OECD 개발원조위원회 회원국으로 활동하고 있으며 한국은 2009년에 가입하였다. 2017년 개발원조위원회 회원국의 전체 공적개발원조 규모는 1,466억 달러였고, 한국은 그 중 15위이다. 두 번째, 신흥 공여국 및 개발도상국은 개발원조위원회 회원국은 아니지만 공적개발원조를 적극적으로 제공하고 있는 국가를 통칭하며 이들의 역할이 갈수록 증대되고 있다. 이들의 총 공적개발원조 규모는 2014년 320억 달러에 달하였으며 전 세계 총계의 17%를 차지하고 있다. 규모는 작지만 개발도상국에서도 공적개발원조를 제공하고 있기 때문에 국제개발협력이 선진국에서만 시행되는 활동이 아님을 알 수 있다. 이러한 개발도상국 간의 국제개발협력을 남남협력(South-South co-operation)이라고 한다. 하지만 몇몇 신흥공여국이 공적개발원조를 개발협력의 측정수단으로 사용하지 않기 때문에 통계가 불분명한 한계가 있다. 세 번째, 다자 개발기구는 UN과 그 산하기구, 기금 및 위원회, 국제개발 금융기관, 여타 기구 등으로 분류할 수 있다. 현재 195개국이 UN 회원국으로 가입되어 있다. 그리고 UN과 그 산하 전문기구, 기금 및 위원회는 UN 회원국의 분담금, 기여금 등으로 국제개발협력에 다양하게 참여하고 있다. 국제개발 금융기관은 금융 분야에서의 협력관계 구축을 목적으로 하는 국제기구들을 말하며, 개발도상국의 재건과 개발에 필요한 자금을 대여하거나 증여하는 활동을 하거나 전문적 기술협력을 제공하는 역할을 한다. 국제통화기금IMF, 세계은행WB, 유럽부흥은행EBRD, 아시아개발은행ADB, 아프리카개발은행AfDB, 미주개발은행IDB 등이 이에 속한다. 기타 국제기구로는 아프리카연합 등 지역협력을 위한 연합 기구와 지구환경기금GEF, 세계백신면역연합GAVI 등 특정 분야에 대한 개발문제를 다루는 기구들이 있다. 마지막으로 NGO, 시민사회, 민간기업, 국제민간재단 등이 있다. 최근 국제개발협력 분야에서 NGO와 시민사회의 역할이 매우 중요하게 여겨지고 있다.

국제개발협력 분야에 참여하는 NGO는 개발도상국의 개발과 빈곤 문제 해결을 위해 활동하는 비정부, 비영리기관을 의미하며, 흔히 개발 NGO라고 칭하기도 한다. 이들은 지역사회의 풀뿌리까지 들어가 지역사회주민들과 연대하며 활동을 진행한다. 따라서 정부 주도의 국제개발협력사업보다 유연하고 지역중심의 사업을 진행할 수 있으며, 공공부문의 국제개발협력 사업과 상호보완적 역할을 할 수 있다. 대부분의 단체나 기관은 정부나 국제기구로부터 자금을 지원받거나 자체 자금으로 사업을 추진한다. 이들이 자체적으로 조성한 국제개발협력 자금은 공적개발원조로 계상되지 않는다. 민간기업의 경우 사회적 책임(Corporate Social Responsibility, CSR) 활동이나 공유가치 창출(Creating Shared Value, CSV)의 일환으로 개발 활동에 기여하고 있다. 하지만 사업지 선정에 있어서는 현재 기업에 투자가치가 있는 신규 시장이나 진출 계획이 있는 지역으로 전략적 선택을 한다. 록펠러 재단Rockefeller Foundation, 게이츠 재단Bill & melinda Gates Foundation 등 민간재단도 다양하게 국제개발협력에 참여하고 있다. 일부 재단의 활동 규모는 국가 공적개발원조 규모에 맞먹는 수준이며, 이들은 국제개발협력 사업의 트렌드를 선도한다. 공공부문의 국제개발협력 사업과 달리 전문적이고 창의적인 사업에 투자를 하고 있는 경우가 많아 차별성과 독창성을 가지고 있다.

국제개발협력의 역사는 국제 정치 환경, 주요 국제개발 이론의 변화, 국제개발협력 가치의 특징을 고려하여 5개의 시대로 나누어 설명할 수 있다 첫째, 1940년대부터 1950년대까지, 2차 대전 종식 후 탈식민지화를 통해 많은 신생국가가 생겨난 시기이다. 이 시기에 미국과 구소련이 자본주의와 사회주의 진영으로 양극 체제 전환이 되었고, UN을 비롯한 여러 국제기구가 창설되기 시작하였다. 미국의 자본주의 진영과 구소련의 사회주의 진영은 각자의 영향력을 확대하기 위한 수단으로 원조를 활용하였다. 개발이라는 용어를 국제관계에서 사용하게 된 계기는 미국 트루먼 대통령 취임식 연설문에서 마셜플랜을 통한 유럽 재건과 전 세계 빈곤국가로의 지원 확대를 언급하면서부터 였다. 이때의 근대화 이론은 개발도상국들도 유럽 국가의 발전 경험과 그 과정을 따른다면 근대화된 국가로 발전할 수 있다는 주장이다. 따라서 GNP 증대 등의 경제적 성장을 개발의 주요목표로 하여 경제성장을 위한 산업화를 지원하였으며, 원조의 우선 대상은 구 식민국가들이었다.

두 번째, 1960년대부터 1970년대까지 인권 문제와 빈곤 문제에 대한 이슈가 국제개발협력의 중심 문제로 논의되면서 국제주의 사상이 생겨났던 시기이다. 이 시기에는 국제개발협력의 이슈를 논의하기 위해 OECD 개발원조위원회, 아프리카개발은행AfDB, 아시아개발은행ADB, 유엔세계식량계획WFP, 유엔개발계획UNDP 등 다양한 다자협력기구가 설립되었다. 그리고 다양한 국제규범과 가이드라인이 제시되면서 국가별 원조의 규모가 커졌다. 또한 1940~50년대 강조된 경제적 성장뿐만 아니라 인간의 기본적 욕구(basic human needs) 충족이 원조의 중요한 목표로 설정되었다.

세 번째, 1980년대 석유파동으로 인해 전 세계적으로 경기침체와 물가상승이 찾아오면서 원조규모가 급격히 감소했던 시기이다. 가중된 경제 불안은 개발도상국의 개발에 어려움을 주었고, 많은 개발도상국들이 외채 위기에 직면하는 시기였다. 그렇다보니 이 시기는 구조조정 효율화, 금융균형 등을 개발정책의 목표로 설정하게 되었다. 이를 위해 각 국가들은 자국의 시장을 개방하고 민영화를 진행하여 복지부분의 정부 지출과 역할을 최소화하기 시작했다. 거시경제의 균형을 강조하는 경제 성장을 추구하게 되었고 공공부문 축소, 무역자유화

등을 내용으로 하는 경제 구조조정 프로그램이 도입되었다. 하지만 이러한 움직임은 개발도상국의 빈곤문제에 대한 인식을 약하게 만들었으며 경제발전을 자유 시장에 맡기는 데에 큰 한계를 나타내었다. 이렇게 공공부문의 역할이 축소되면서 NGO의 활동이 두드러지게 되었다. 특히 1984년 사하라 이남 아프리카에 대규모 식량난이 발생했을 때, 국가적 대응이 부족하자 국제 NGO가 긴급구호에 적극적으로 나서면서 영향력이 더욱 커지게 되었다.

네 번째, 1990년대에는 냉전이 종식되면서 미국과 구소련의 양극 체제가 무너졌다. 그 결과 각자의 영향력 확대를 위한 수단으로 활용한 원조 활동을 지속할 이유가 사라지면서 원조의 규모가 급격히 감소하였다. 또한 원조 피로 현상이 나타나면서 효과성 없는 원조에 대한 회의감이 들기 시작하였고, 원조 의존성만 키웠다는 부정적 시각이 생겨나기 시작했다. 이때 다시 인간의 기본욕구 충족과 빈곤감소를 개발원조의 중점목표로 설정하게 되었고 국가의 거버넌스 강화, 시민 사회의 중요성이 더욱 강조되었다. 또한 1992년 브라질 리우데자네이루에서 열린 리우 회의Rio Summit에서 미래 환경 보존을 위한 지속가능한 발전이 중요한 원칙으로 부각되기 시작하였다.

다섯 번째, 2000년대에는 189개국 정상이 참여한 UN 정상회담에서 밀레니엄 선언이 채택되었다. 새천년개발목표[72]는 2015년까지 1일 수입 1달러 미만의 빈곤층 비율을 반으로 감소시킨다는 빈곤 감소를 큰 목표로 삼았다. 여기에 보건, 교육, 여성, 아동, 환경 등 8개의 구체적인 세부 목표를 설정했다. 2005년 원조 효과성 관련 고위급 회담이 파리에서 진행되면서 파리 선언이 채택되었고, 뒤이어 2008년 아크라 행동계획(AAA) 등을 통해 원조 효과성 제고를 위한 다양한 방안이 제시되었다. 2011년에는 부산에서 원조 효과성 고위급 회담이 열려 원조

가 개발도상국의 지속가능한 개발을 위해 이루어져야 하며, 인권에 기반을 둔 접근을 해야 한다고 강조했다. 또한 개발협력의 주체로 시민사회와 민간 부문이 중요하게 다뤄졌고 기업에 대한 사회적 책임도 강조되었다. 새천년개발목표가 갖는 가장 큰 의미는 개발협력의 공통 목표를 설정하고 이를 위해 전 세계가 노력했다는 점이다. 하지만 빈곤에 대해 사회개발에 치우쳐져 있다는 점과 거버넌스 강화, 행정시스템 강화 등의 목표와 구체적 이행 방법이 거론되지 않은 점 등으로 인해 그 실효에는 한계가 있었던 것으로 평가되고 있다. 새천년개발목표 기간이 종료된 2015년 이후의 대안으로 지속가능개발목표가 세워졌다.[73]

지속가능개발목표에서는 경제발전과 환경, 거버넌스 등의 큰 목표를 중심으로 세부 목표를 설정하였다. 그리고 생물다양성, 기후변화, 에너지 등 환경에 대한 이슈가 좀 더 구체적으로 추가되었으며 보건 부분도 보건의료, 물과 위생 등으로 목표가 세분화되고 구체화되었다. 사법제도와 행정제도에 대한 목표도 함께 선정하여 이행 방법에 대해 담보할 수 있게 되어 실효성이 높아졌다. 그리고 모두의 건강한 삶을

〈그림 2〉 지속가능한 개발목표(SDGs)

보장하는 건강권, 공평한 교육을 보장하는 교육권 등 인간의 기본 권리에 대한 평등이 강조되었다.

이처럼 다양한 국제개발협력의 목표가 설정되고 세부적인 활동들이 이루어지고 있는 상황 속에서 국제보건은 국제개발협력과 어떤 관계로 서로 영향을 주고받고 있을까. 이에 대해서는 다양한 관점이 존재한다. 국제보건은 국제보건 안보(Global Health Security)와 인도주의적 생물의학(Humanitarian biomedicine)의 2가지로 구분할 수 있다. 국제개발협력 내에서 바라보는 국제보건의 의미는 인도주의적 생물의학의 체제에서 보는 국제보건을 뜻한다. 국제보건 안보는 대체로 부유한 국가에서 나타나는 신규 전염병에 대비하기 위한 준비 시스템 구현에 초점이 맞춰져 있다. 개발도상국의 잠재적 발병에 대한 조기 경보를 제공할 수 있는 실시간 전염병 감시 시스템을 구축하고 조기 경보, 대응 시스템을 연결하여 타국가로 전염병이 확산되는 것을 막을 수 있도록 하는 것이다.

인도주의적 생물의학(humanitarian biomedicine)은 말라리아, 결핵, HIV/AIDS(후천성면역결핍증증후군)와 같은 세계 빈곤국의 주된 질병 퇴치를 목표로 한다. 이러한 접근에서는 공공보건 기반 시설이 열악하거나 부재한 경우 개입이 필요하다. 그리고 빈곤국 사람들에게 기존 의료 기술에 대한 접근성을 제공하는 것부터 소홀한 질병에 대한 신약 개발 등을 촉진하는 것까지를 모두 포함한다. 하지만 급격한 세계화, 지구화를 겪고 있는 오늘날의 경우 서아프리카에서 발생한 에볼라 사태가 전 지구적 보건 문제로 확산되듯 국제보건 안보가 선진 국가에서만 나타나는 체제라고 단정 짓기는 어렵다. 그러므로 인도주의적 생물의학의 체제에서 바라보는 것과 같은 맥락인 국제개발협력의 굴레 안에서만 국제보건을 바라보는 관점은 현대사회에서 편협한 시점이 될 수 있으며, 더 넓은 시야로 국제보건을 바라보아야 할 것이다.

그렇다면 국제개발협력과 국제보건은 어떤 관계를 갖는가? 국제개발협력과 국제보건을 바라보는 시각에 따라 여러 함수 관계를 가질 수 있다. 먼저 국제보건과 국제개발협력을 부분과 전체의 관계로 보는 관점[74]이 있다. 이 관점에서는 국제개발협력이 아닌 국제보건은 있을 수 없으며, 국제보건은 국제개발협력의 보건의료 버전이라고 본다. 이러한 관점을 제시하는 근거는 국제개발협력에서 '국제'의 의미뿐 아니라 '개발'의 정의에도 상당한 변화가 이루어져왔다고 보고 있기 때문이다. 다시 말해 오늘날에는 개발이 물질적 성취를 의미할 뿐만 아니라, 그 이상의 의미를 갖고 있다는 점에 합의가 이루어졌다고 보고 있다. 이 관점에서 개발에 대한 개념을 정의하기 위해 아마티아 센의 개발은 인간의 자유 확장이라는[75] 주장을 근거로 사용하고 있다. 즉 개발을 자유의 확장으로 보았을 때, 국제보건이 추구하는 건강은 여러 자유 중의 하나이고, 건강불평등 문제를 해소하고 건강을 향상시키는 것은 모두 자유를 증진시키는 행위인 개발에 해당된다는 것이다. 그렇기 때문에 국제보건은 본질적으로 건강형평성과 건강 향상을 추구하는 국제개발협력의 일부로 간주하게 된다. 동시에 보편적 교육기회 제공, 성장에 충분한 영양 섭취, 자유로운 경제활동 보장도 모두 자유의 확장이라고 볼 수 있다. 그리고 이러한 개별적 자유들은 서로 상승 작용을 일으켜 전체적인 자유의 확장 즉, 개발을 가져올 수 있다고 본다. 이 관점에서 건강불평등 해소와 건강 향상은 자유를 확장하는 수단이자 자유 확장의 결과로서의 성격을 가지기 때문에 국제보건과 국제개발협력을 분리해서 생각할 수 없다. 다시 말해, 국제보건은 국제개발협력의 프레임 안에서 건강을 넘어서 자유의 확장과 함께 다루어져야 된다는 것이다. 또한 주어진 환경에서 한정된 자원을 건강, 교육, 에너지 등 어느 곳에 투자해야 인간의 자유가 극대화될 수 있는지의 합리적 자원 배분을 위해서도 국제개발협력의 맥락에서 국제보건을 바라봐야 한다고 본다.

또한 이 관점에서는 국제개발협력과 국제보건의 관계를 전체와 부분으로 설명하는 논거로 구조적인 원인을 들고 있다. 지금까지 국제보건은 ODA 프레임 안에서 정부 정책을 벗어나기 힘든 구조였다. 그래서 국제개발협력이 ODA와 거의 동일한 의미로 사용되고 있는 실정이다. 이명박 정부 시기에는 ODA가 자원 외교와 보은 외교의 수단으로 주로 사용되었기 때문에 보건 분야 ODA 프로그램도 수원국 및 수혜자를 대상으로 한 요구도 조사를 근거로 기획되기보다는 자원 외교의 일환으로 계획되어 자원이 풍부한 개발도상국가에 대규모 보건 인프라 사업을 하는 형식으로 국제보건이 소비되었다. 박근혜 정부 초기에도 국제보건은 정부 정책 하에 ODA프레임 안에서 이루어졌다. 대표적인 예로, 국제보건 프로그램이 대한민국의 새마을운동 모델 ODA의 주된 전략이었다. 새마을운동 국제개발협력 프로그램의 일부로 보건 분야 활동이 포함되었던 것이다. 또한, 박근혜 정부 후기에는 4대 개발협력 구상 중 하나로 감염병 예방·감시·대응을 위한 글로벌보건안보구상(Global Health Security Agenda, GHSA)에 기여하기 위해 만들어진 '모두를 위한 안전한 삶(Safe Life for All)'이라는 국제보건 분야 이니셔티브가 발표되었다. 이는 대한민국의 국제보건 이니셔티브로 브랜드화 되었다. 하지만 이것은 기존에 존재하던 대한민국 국제보건 프로그램과의 연계가 부족했다.

한편 미국 등 GHSA를 주도하는 국가들과의 외교적 협력을 위해서 국제보건이 소비된 측면도 있다. 예를 들면, 공약한 감염병 관리 예산을 확보하기 위해 비감염병 분야 국제보건 프로그램들의 신규 반영은 축소되었다. 2016년 박근혜 정부 말기에는 대통령의 아프리카 3개국 에티오피아, 우간다, 케냐 순방에 맞추어 '코리아에이드'라는 프로그램이 계획 및 실행되었다. 문화, 음식, 보건을 융합한 이 프로그램은 대한민국의 국제개발협력 대표 브랜드로 활용되기까지 했지만 정부가 바뀌며 현실화되지 못하였다. 이런 관점에서는 정부나 정책이 바뀔 때마다 ODA도 그에 따라 정치적·외교적 수단으로 활용되었기에 일관된 전략이나 계획을 가지기 어렵다. 마찬가지로, 국제보건 프로그램 역시 ODA를 통해 추진되는 현실에서 정부의 ODA 전략과 계획은 국제보건에 많은 영향을 미치고 있으며, ODA가 국제개발협력과 동일한 의미로 사용되고 있는 상황에서 국제보건은 국제개발협력 내의 하나의 부분으로 여겨진다.

다음으로 국제보건과 국제개발협력이 부분과 전체의 관계가 아닌 상호 영향을 주는 관계로 보는 관점이다. 위의 그림과 같이 국제개발협력과 국제보건은 서로 일부분의 교집합을 공유하며 영향을 주는 관계이고, 영향을 거의 주거나 받지 않고 독립적으로 구성되어 있는 영역도 있다. 국제농업과 국제교육 등의 고유 섹터도 마찬가지로 서로

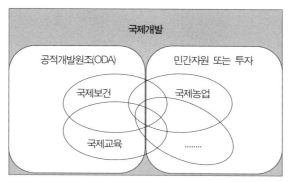

출처 : 지금 여기에서 대한민국의 국제보건을 비판한다, 시민건강이슈 2017-06

가 영향을 주고받으며 일정의 교집합을 가지지만 종속관계는 아니다. 또한 오늘날 사회구조의 섹터는 점점 더 다양해지고 있으며 서로 융합되는 분야도 많아져서 보건, 농업, 교육 등으로 단순히 분획하기 어려운 상황이 되었다. 그리고 정부와 국제기구, 민간기관 등이 복합적인 형태로 협력하며 활동하고 있기 때문에 국제개발원조를 공적개발원조와 민간 지원으로 단순히 이분화하는 것 역시 불가능하다. 다시 말해 국제보건과 보건 분야 국제개발협력은 많은 부분에서 중복되지만 내용과 원리, 실천 모두에서 반드시 같지는 않다는 것이다. 게다가 보건은 다른 많은 영역들과 융합될 수 있기 때문에 매우 중요한 분야이다. 왜냐하면 대부분의 인간의 활동에서는 건강이 기본 전제가 되며, 질병에 의해 상당 부분이 결정되기 때문이다. 또한 보건은 인간의 행복에도 크게 영향을 준다. 마찬가지로 국제보건은 단순한 건강과 질병의 영역만이 아닌 경제, 교육, 정치, 기회의 균등 등 다양한 부분에 영향을 미치며, 국제개발협력 분야에도 영향을 준다. 새천년개발목표에서는 HIV/AIDS 퇴치, 말라리아, 결핵, 모성사망률 감소 등 다양한 보건 분야가 포함되어 있다. 하지만 건강에 영향을 미치는 더 넓은 결정요인으로 빈곤 감소, 식수 위생, 성 평등 등도 포함될 수 있다. 이렇게 새천년개발목표에서는 넓은 범위에서의 보건 문제를 고려하지 못했다는 단점을 가지고 있으며, 2015년 이후 새롭게 공표된 지속가능개발목표에서는 이러한 부분을 더 담으려고 노력하였다. 이렇듯 국제보건과 국제개발협력은 서로가 상하관계가 아닌 교집합을 가지고 영향을 주고받는 부분으로 볼 수 있다. 기본적으로는 국제개발협력이 국제보건의 원리 속에서 실천되는 것이 바람직하다. 그러나 현실은 그렇지 않다. 현재 보건 분야의 국제개발협력은 국제보건보다는 국제개발협력 일반의 원리와 논리에 의해 결정적인 영향을 받고 있다. 그렇다 보니 현재의 상황을 이해하는 것과 더불어 앞으로의 과제를 도출하는 것도 국제개발협력 전반의 상황과 과제를 전제하지 않고서는 불가능하다. 하지만 보건, 교육 등 각 부분을 단순하게 모아 국제개발협력이라는 전체가 될 수 없으며, 국제개발협력이라는 전체가 각 부분의 고유한 특성을 가질 수도 없는 한계가 있다. 그렇기 때문에 결국 보건은 국제개발협력 전체의 구조와 특성에 크게 영향을 받지만 그것이 전부는 아니다. 또한 고유한 구조와 특성을 가질 수밖에 없으므로 국제개발협력의 세부 분야가 아닌, 국제보건 자체의 독립적인 부분으로 이해되어야 한다. 국제보건의 특성상 수많은 시민단체, 비정부기구가 국제보건에 참여하고 있으며, 이 조직들 중에는 공적개발원조와 무관하게 독자적인 활동을 하고 있는 경우가 많다는 상황을 고려해야 한다. 왜냐하면 국제개발협력이 정부의 ODA사업과 동일한 의미로 사용되고 있는 현실에서는 이들 민간 부문과의 연계가 국제개발협력 범위 안에 포함될 수밖에 없기 때문이다. 국제보건의 기본에는 형평성이 자리 잡고 있으며 한국의 국제보건도 이런 보편적 가치와 목표를 달성해야 하는 공통

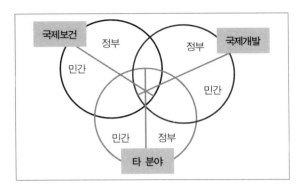

의 의무를 가지는 것이 당연하다. 그러나 국제보건이 포함할 수밖에 없는 이런 도덕적 의무는 국제개발협력과 때로 긴장관계에 놓이게 된다. 한편 현실적으로 한 국가가 국제개발협력을 바라보는 시각은 그 나라의 국제보건의 전략, 규모, 방향, 대상, 실행 등 광범위한 부분에서 영향을 미치게 된다. 예를 들어 한 국가가 수행하는 국제개발협력의 목적이 국익에 국한되어 있다면, 국제보건의 목적 역시 국익에 갇히기 쉽다. 그리고 국제보건은 시민사회와 전문성, 지식 등 민간조직의 역량을 공유하기도 한다. 국제개발협력의 이론과 실천에 있어 국제보건은 상당 부분 국제개발협력에 의존하고 있는 것이 현실이다. 따라서 국제개발협력과 국제보건을 상호적 영향을 주는 독립적 영역으로 보는 이 시각은, 국제보건을 "전 세계적 차원의 건강불평등 혹은 이와 관련된 과제를 해결하려는 국민국가와 그 구성원들의 자발적인 협력76)"으로 정의하고 있다.

이상에서 국제보건과 국제개발협력의 관계를 부분과 전체의 관계로 보는 경우와 상호 영향을 주는 독립적인 관계로 보는 경우로 나누어 살펴보았다. 국제보건을 건강 형평과 건강 향상을 추구하는 자유 확장의 수단이자 결과로 보는 시각에 큰 이견이 있지는 않을 것이다. 또한 오늘날 국제보건 활동에 참여하는 많은 시민사회단체 등이 재정적 독립성을 제대로 갖추지 못한 상황에서 활동하고 있다 보니, 불가피하게 국제개발협력 영역으로부터 많은 영향을 받을 수밖에 없는 것이 현실이기도 하다. 하지만 국제개발협력은 특수한 역사적 배경이 있으며, 오늘날까지도 국가주의적 틀에서 활용되는 부정적 잔재가 남아있는 용어이다. 이러한 현실적인 고려 없이 국제개발협력의 하위 개념으로 국제보건을 국한시키는 것은 결코 바람직하지 않다.

2. 오늘날 국제보건 활동의 문제와 한계

오늘날 국제보건 활동에는 많은 문제와 한계가 있다. 그 중 하나는 권력화이다. 19세기 식민의학을 시작으로 오늘날 국제개발협력은 독단적이며 관료주의적으로 권력화된 양상을 보인다.

그렇다면 권력이란 무엇인가? 우리는 전통적인 권력의 정의로만 권력을 이해한다. 전통적인 권력의 정의는 로버트 달Robert Dahl이 한 것으로, 'B가 하지 않을 일을 B가 하게끔 할 수 있는 정도의 힘을 A가 가지고 있는 것'(A has power over B to the extent that he can get B to do something that B would not otherwise do)으로 말할 수 있다. 그 외에 다른 형태의 권력이 존재하는데 그 중에 하나가 구조적 힘(structural power)이다. 구조적인 힘을 가진 자는 우리는 관계 속에서 어떤 사람의 능력을 향상시키고 제한하는 방식으로 자신을 정의한다.

세계 보건 분야에서는 의료 전문가, 개발경제학자, 애드보커시 전문가 등과 같은 구조적 힘을 가지고 있는 개인들이 존재한다. 이들은 지원이 필요한 저소득 국가 정부에 조언해주는 역할을 한다. 이들은 자신들의 힘(권력)을 행사하기 위해 질병을 치료하거나 예방하는데 필요한 개입, 건강에 대한 결정, 정책적 결정, 생물·의학적 원인 등에 대한 전문 지식을 가지고 주장한다. 그리고 그가 필요로 하는 구조적 힘에 대해 청구인 시각에서 표현한다. 또한, 이러한 힘들은 인도주의적 동기로서 정당화되기도 한다.

19세기 식민시대에 제국이 점령한 지역을 의료적 실험 장소로 활용하고 제국주의적 팽창 계획을 돕기 위한 식민의학이 시작되었다. 동시에 국제보건이 시작된 역사적 배경처럼 국제개발협력 활동에서 권력과 독단의 모습이 지속적으로 나타났다. 현 국제개발협력도 관료주의적 독단이 나타나 형평성에 저촉되고 있는 경우가 많이 있다. 이러한 권력의 문제는 새천년개발목표에서도 나타난다. 새천년개발목표의 경우 국제개발협력 분야에서 처음으로 구체적 목표와 지표를 제시하여 하나의 공동목표를 이루기 위해 노력하며 다양한 성과를 도출하였다는 점에서 의미가 있다. 하지만 개발 국가의 정치적, 문화적, 사회적 구조에 의한 권력이 드러나며 그 한계를 보이고 있다. 또한 수원국은 지원 국가 또는 기관으로부터의 지원금을 받는 "을"의 위치에 서 있기 때문에 지원 국가와 기관의 "갑질"에 휘둘리기도 한다.

국제보건 분야에 거대한 민간 후원기관이 등장하면서 보건에 대한 권한을 소유하기 시작하였다. 이들에 의해 보건 분야 우선순위가 정해지고 많은 예산이 그 분야에 집중되면서 그들에 의해 전체 국제보건이 좌지우지되는 상황이 되었다. 민간 원조자금의 의존도가 높은 국가일수록 이러한 민간 후원기관의 영향력이 없다면 국가를 이끌어 가는데 문제가 발생할 수 있다. 따라서 수원국은 이들의 경제적 권력에 흔들릴 수 있다. 다국적 제약회사의 경우는 특허 보호법을 변경해줘야만 정부에 투자를 하겠다고 주장하기도 한다. 또한 세계은행에서는 주요 보건 분야 개혁을 조건으로 비용을 차관해주기도 하며, 보건 분야의 양자 원조가 인도주의적 필요보다는 지정학적 이익에 따라 할당되기도 한다.

한국은 제국주의 시대의 식민지 경영국은 아니었으나 '신식민주의'

의 논리가 제기될 가능성이 없지 않다. 동기와 이유가 무엇이든 베트남 전쟁에 참전한 국가로서 이와 관련된 책임을 피하기 어렵다. 또한 많은 기업이 개발도상국에 진출하여 지역사회와 시민들에게 영향을 미쳤다. 수출을 통한 경제성장 전략을 추진함으로써 불균등한 교역의 한 당사자가 되었을 가능성과 보상 여부를 두고는 논란이 있을 수 있으나, 어떤 형태로든 한국이 얻은 이익 또는 상대국에 끼친 피해를 보상해야 한다는 주장을 무시할 수는 없다.

현재 한국의 국제개발협력은 ODA 사업 수행기관의 분절화, 외교부와 기획재정부의 영향력과 간섭, 분야 전문가 부족 등 매우 빈약한 정치적, 사회적 기반을 가지고 있으며, 국제보건 역시 큰 맥락에서는 다르지 않다. 반면 국제개발협력의 동기와 대상, 규모, 구체적 방법, 평가에 이르기까지 빈약한 기반이 미치는 부정적 영향은 꽤나 크다.

따라서 국제보건의 가치판단을 위해서는 어떤 관점을 가지고 국제보건을 바라보는지가 매우 중요한 문제이다. 왜 우리가 인도주의적 시각을 가지고 국제보건을 바라보아야 하는지 다양한 관점에 대해 살펴보고 각각의 관점으로 인한 결과물과 한계에 대해 알아보자.

국가주의적 관점

국가를 한 단위로 하여 그 안에 소속된 각 구성원들은 서로에 대한 도덕적, 사회적 책임을 져야 한다고 보는 것이 국가주의적 관점이다. 이 책임의 대상은 국내외에 거주하고 있는 모든 자국민에게 영향을 미칠 수 있는 문제들이다. 그래서 이러한 관점에서 바라보는 국제보건 활동의 범위는 자국민에게 영향을 주는 보건 이슈이고 지리적 범위는 자국민에게 보건문제를 야기할 수 있는 모든 지역이라고 볼 수 있다. 국가가 국제보건 활동의 주체로 나서게 되면, 자국민을 보호하는 것을 최우선 과제로 삼기 때문에 대부분 이러한 관점을 갖게 된다. 국제사회에서의 국가주의적 접근은 자국우선주의를 뜻하기도 한다. 대부분 국가의 국제개발협력 정책은 이러한 입장을 취한다. 한국 역시 국제개발협력의 목표로 '협력대상국과의 경제협력관계를 증진'하는 것을 포함시키고 있다. 에볼라나 메르스와 같은 치명적인 전염병이 창궐하게되면 모든 국가는 자국민의 감염 상태를 먼저 관리하고 이를 위해서라도 국제적인 공조에 참여한다. 이러한 태도는 역사상 가장 치명적이었던 2014년 서아프리카 에볼라 창궐에 대응하는 국제사회의 움직임을통해서 잘 드러났다. 국제 사회가 자국의 에볼라 확산에 대응하는동안 서아프리카에서의 에볼라 확산은 대응능력을 앞질렀고, 에볼라전쟁에서 지고 있었다. 국경없는의사회 등 비정부 기관들은 국제사회의 신속한 대응을 촉구했지만, 국제사회는 한동안 뒷짐을 지고 있었다.

공동체주의적 관점

공동체주의적 관점은 주로 국가 또는 그보다 작은 공동체에 적용되는공동체주의를 국가를 넘어 확대한 것이다. 그리고 국제 사회로 확대된공동체주의는 국제사회를 하나의 공동체로 보고 전체의 이익을 최대화하는 것을 그 구성원의 의무로 본다. 이러한 관점에 의해 국제기구의 노력과 더불어 초국가적인 사회운동에 기반을 둔 국제적 시민사회연대가 생겨났다. 이러한 활동이 국민국가의 범주를 넘어 범지구적으로 확산해감에 따라 세계시민사회라는 새로운 용어가 등장하고 "아래로부터의 세계화(Globalization from below)"를 통해 조직해갔다.77) 이들은개별국가의 능동적인 시민과 복지친화적인 국가가 협력하여 공익과재분배의 가치를 실현하고 빈곤퇴치에 앞장서간다.78) 하지만 빈곤퇴치에 대한 낙관적인 사고는 현실적으로 완전한 실현이 불가능한 목표를 추구하고 있다. 그렇기 때문에 목표와 결과에 끊임없는 괴리가 존재하고 간극을 좁히기 위해 새로운 논리가 재생산되어야 하는 한계를 가지고 있다.[79]

이러한 공동체주의는 사회계약론적 시각과 세계주의적 시각으로 나뉜다. 사회계약론적 시각은 각 국가는 행위의 주체로서, 다른 나라와 공통의 이해관계와 행동규칙을 두고 상호 협의하고 합의해나가면서 국가 간 문제를 해결해 나가야 한다는 입장이다. 전쟁을 막거나 조약을 맺는 것이 대표적인 예이다. 보건분야에서의 이러한 시각이 등장하게 되는 계기는 전염병과 관련이 있다. 19세기 이전 유럽 국가들의 전염병 관리는 환자의 격리가 가장 보편적인 방법이었으나, 국가 간 교역 등이 증가하면서 급성 전염병의 유행을 격리만으로 막아내지 못한다는 것을 알게 되었다. 그래서 19세기 중엽 유럽 국가들은 콜레라, 페스트와 같은 급성 전염병의 관리를 위해서 국가 간 협력에 나서게 되는데, 그 결과 19세기 말에 남아메리카 국가들은 국제공공위생조약을 체결하였다. 오늘날 감염병 대응을 위한 국제 공조체계는 글로벌보건안보구상GHSA을 통해 이루어지고 있고, 각국이 국제보건규약IHR을 이행하도록 관리하고 있다. 이에 비하여 세계주의적 시각은 국가나 집단이 아닌 각 개인이 행위의 책임자이고 윤리의 주체가 되는 것으로 본다. 이에 따르면 사는 곳과 국적에 무관하게 모든 사람에게 지역, 국가, 세계 차원에서 모두 적용되는 공통적인 윤리적 의무가 부과된다고 본다. 여기에서는 책임의 크기가 중요한데, 특히 상호관계의 측면에서 상태나 결과에 영향을 미친 정도가 클수록 윤리적 의무도 커진다. 이러한 시각은 일반적으로 국제 활동에 종사하는 비종교적인 NGO들이 갖고 있다.

보상론의 관점

과거 식민지 약탈에 참여했던 국가들의 경우, 그들의 과거 식민지였던 개발도상국들이 당면하고 있는 빈곤과 저개발의 원인은 근본적으로 식민지 종주국의 착취와 수탈 때문이므로, 이에 대한 보상을 해야 한다는 관점이다. 1890년부터 1919년까지 탄자니아를 식민 통치한 독일은 110년이 지난 2015년 7월에 처음으로 식민 통치 반발 봉기 진압과정에서 집단 학살이 일어났음을 인정하고 이에 대한 보상을 결정했다. 보상 방식은 후손에게 직접 현금 보상을 하는 것이 아니라 재단을 설립하여 국가 인프라 개발, 청년 직업 교육, 태양 발전소 설립 등 국가 발전에 사용할 수 있도록 하는 것이다. 일종의 국제개발협력 사업의 형태로 식민통치의 과거사를 해결하는 것이다. 한국의 경우 베트남 전쟁에 32만 명의 대규모 파병과 민간인 학살 등으로 베트남 국민들에게 상처를 입히고 그 대가로 외화수입과 경제 원조를 했던 과거 역사가 있다. 한국의 베트남에 대한 원조 프로그램들은 이에 대한 사죄의 의미가 담겨 있다.

보상론의 또 다른 형태는 호혜성의 관점이다. 대표적으로 한국의 경제사회 발전사에서 나타나는 고유한 관점이다. 과거 경제사회적 발전수준이 낮았을 때 선진국과 다른 나라의 도움을 받았기 때문에 경제사회적 역량을 갖춘 현재 시점에서 이전에 받은 도움에 보답하는 의미로 다른 나라를 지원하는 것이 도리라는 관점이다. 물론 보답의 대상이 대부분 선진국이기 때문에 수혜와 보답의 대상이 일치하지 않는 경우가 대부분이지만, 국제사회에서의 역할을 수행한다는 측면에서 본다면 보답이라고 할 수 있다. 경제적인 측면뿐만 아니라 군사적인 도움을 받았던 경험이 있어서, 이에 대한 보답의 차원에서 참전국에 다양한 지원이 이루어지기도 한다. 한국전쟁 참전국 중에 개발도상국에 머물러 있는 터키, 태국, 콜롬비아, 필리핀, 에티오피아, 남아프리카 공화국이 이에 해당된다. 이렇게 받은 것을 갚는 도의적 원조를 '우정의 원조'라고 한다.

종교적 관점

세계보건기구는 아프리카 보건관리 인프라의 30~70%가 신앙에 기반을 둔 기관들에 의해 운영된다고 추정하고 있다.[80] 넓은 의미에서 기독교, 가톨릭, 불교, 이슬람과 같은 신앙에 기반한 보건의료 활동도 일종의 국제보건 활동으로 오랜 전통이 있다고 볼 수 있다. 선교에 목적을 두고 진행되는 보건의료 활동은 국가의 이익이나 세계 시민으로서의 도덕적, 보편적 접근을 벗어난 종교적인 의미에서의 섬김과 의료를 통한 복음 전도, 종교 전파 등의 목적을 가지고 있다. 예를 들어 의료 선교는 그 목적이 종교에 기반하고 있기 때문에 이익성을 띠지 않는다. 또한 이익에 의해 대상지나 대상자가 변경되거나 이동하는 경우가 없고, 지역사회에 기반을 두어 진행되는 사업이 많다는 특징이 있다. 즉 선교사 등을 통해 장기간 한 지역과 동일 사람들을 대상으로 하는 사업이 많아 지속가능성이 상대적으로 높다. 하지만 전문성이나 사업에 대한 이해도가 낮은 인력이 선교의 목적으로 보건의료 활동을 하는 경우가 많다. 따라서 사업을 효과적으로 기획하고 결과를 분석하여 성과를 도출하는 데 있어서 한계를 가지고 있다. 또한 일부 종교의 경우 타종교에 대한 차별을 두어 수혜를 위해 개종을 강요하는 등의 부작용이 있다.[81] 또한 시민들의 참여를 이끌기 위해서 종교성을 은폐하는 경우도 많은데, 즉 궁극적인 목적인 선교활동을 명목상의 목적인 비종교적, 인도적 수사로 은폐해서 비판을 받기도 한다.

인도주의적 관점

국제보건활동의 근거를 인권과 같은 인간의 보편적 기본가치의 실현을 통한 절대빈곤 해소뿐 아니라 국익, 보답, 보상 등이 아닌 국제사회의 일원으로서 마땅히 다 해야 할 도덕적 의무에서 비롯하였다는 관점을 말한다.[82] 인간이 인간답게 살아가야 한다는 것은 인류 보편적 가치이기 때문에 어려움을 겪고 있는 사람이 보편적 가치를 실현할 수 있도록 돕는 것은 도덕적인 의무이다. 이는 한 국가, 국경 또는 한 국민에게만 작동하는 것이 아니라 지구상에 살고 있는 모든 사람에게 다 해당하기 때문에 개발도상국가와 그 곳의 사람들과 함께 살아가려는 노력이 필요하다는 주장이다. 이러한 관점은 1969년 피어슨 보고서Pearson Report가 발표되어 '세계 공동체'라는 인류는 하나의 세계 사회에 살고 있다는 개념이 나타나면서 크게 확산되었다.[83]

인간의 보편적 기본 가치 실현을 위해 세계 공동체에 살고 있는 세계시민으로서 우리가 노력해야 할 일은 많다. 그러기 위해서는 상대에게 무엇이 필요한지 알아가기 위해 많은 노력을 기울여야 하며 그 나라의 문화와 사회 속에 들어가야 한다. 대부분의 나라에서 국제개발협력의 목적에 인도주의의 실현을 포함시키고 있고, 한국도 역시 마찬가지이다. 하지만 국제개발협력이 인도주의적 가치를 실현시키기 위해서 노력하고 있다는 점에 대해서 많은 사람들이 의심의 눈초리를 보내고 있다. 일반적으로 국제개발협력이 상대방이 원하는 것에 초점을 맞추기 보다는 내가 가진 것만 주려고 하는 경향이 있다는 것이다. 최근 한국의 국제개발협력 사업이 '녹색 원조', '자원외교 원조'라든가 심지어 '코리아에이드'라는 명목으로 진행되어 왔다는 점은 이를 잘 말해준다. 지역사회를 기반으로 국제보건사업을 하는 NGO에게 주어지는 기회는 적은 반면, 장기적인 접근이 어려운 대학이나 인도주의적인 접근이 어려운 기업에 대한 지원을 확대하려는 경향은 한국 국제개발협력이 극복해야 할 근본적인 과제이다.

3. 인도주의적 국제보건의 필요성

인도주의는 비교적 최근에 우리 사회에 소개된 개념으로 인도주의에 관한 학술적인 저서가 2008년 처음으로 미국에서 출판된 것을 보면 아직까지 인도주의의 학문적 정립은 확실히 이루어지지 않았음을 알 수 있다. 인도주의는 보편성(universality) 원칙을 기본으로 한다. 다시 말해 보편성은 인간을 대할 때 차별과 편견이 있어서는 안 된다는 뜻으로, 넓은 의미로서의 공정성(Impartiality, 어느 한 쪽에 치우치지 않는 태도)이라고 할 수 있다. 이러한 인도주의적 실천이 유럽 사회에 처음 나타난 모습으로는 노예제 폐지, 19세기 노동자 환경 개선, 수감자 교화, 감옥 환경 개선, 고문 폐지, 정신질환자에 대한 처우 개선, 19세기 여성에 대한 대우 개선, 동물학대 금지 등이 있다. 이러한 예는 보편적인 인도주의적 활동이 자선 활동이나 긴급 구호를 넘어서 우리 사회의 긍정적 변화에 영향을 미칠 수 있는 다양한 활동84)을 포함한다는 것을 말해준다.

　인도주의에 대한 학자들의 정의는 다양한데 줄리안 사불레스크Julian Savulescu는 인도주의가 역사적으로 편파적이지 않은 자비심으로 인식되어 왔으며, 선함의 윤리학, 보편적 인간에 대한 동정과 자비심에 그 근원을 두고 있다고 주장한다. 또한 인도주의는 인간을 대할 때 차별과 편견이 개입되어서는 안 된다는 보편성을 바탕으로 한 이타주의를 통해, 도움이 필요한 사람들의 요구에 마땅히 응하는 행위라고 말한다. 한편 마크 해리슨Mark Harrison은 인도주의는 보편적 권리인 인권을 옹호하기 위해 취하는 모든 행동이며, 인도주의가 200년 동안 많이 변화해 왔지만 한 가지 변하지 않은 핵심은 우리 사회가 좀 더 좋은 사회가 되기 위하여 개입하는 다양한 방식의 활동이라고 했다. 그리고 인권은 보편적인 권리이고 인도주의는 그것을 도와주는 것으로, 인도주의가 목적으로 삼는 인권에는 자유를 누릴 권리와 정치에 참여할 권리가 포함되고 특히 근래에는 건강권을 인권에 포함시키는 경향이 두드러지고 있다고 한다.

인도주의는 휴머니즘에 기반하여 보편적 윤리를 지키고, 행동하는 데 있어서 몇 가지 양보할 수 없는 원칙들이 있다. 이러한 원칙들은 대체로 지역사회에 기반하고 인권 증진의 목표를 실현하기 위한 중요한 기준이 된다. 여기에서 인도주의를 바탕으로 한 활동을 성공으로 이끄는 몇 가지 원칙을 살펴보고자 한다.

선택의 정확성

활동의 대상을 선택하는 문제, 즉 무엇을 하느냐에 있어 자의적인 선택이 아닌 도움이 필요한 사람들의 요구와 그들의 상황에 대한 정확한 분석에 기초하여야 한다. 과학적인 접근 방법과 체계적인 분석을 통해 만들어진 결과는 공동체 구성원들의 동의와 공감이 있어야 한다. 즉 선택의 결과로 인해 공동체의 문화나 결속을 훼손해서는 안 된다.

공정성

인도주의 활동은 특정 이익을 추구하는 어떠한 집단에도 의존하지 않고, 오로지 수혜 지역주민들이 원하는 요구(needs)가 무엇인지에 대해 주의를 기울여야 한다. 즉 공정성은 인종, 종교, 이념, 성별을 떠나 차별하지 않고 오직 필요에 의해 지원한다는 것이다. 개인적인 호감이나 신념을 인도주의 활동에 개입시켜서는 안 되며, 객관적인 기준과 판단에 의해 행동해야 한다. 공정성을 얻기 위해서는 비종교, 비정치적 기준이 마련되어야 하며, 어떠한 직접적인 정치 활동이나 종교 활동이 동반되어서는 공정성을 얻을 수 없다.

책무성

책무성은 곧 책임 정신과도 뜻을 같이 한다. 이는 정해진 행동 기준에 부합해야할 의무라는 외부적 차원과 개인의 행동과 조직의 사명 등 스스로 느끼는 책임에 의해 움직이는 내부적 차원을 가지고 있다. 즉 책무성은 법제도와 같은 사회적 규범을 얼마나 잘 준수하느냐의 문제와, 활동의 주체로서 갖는 스스로의 가치를 잘 이행하느냐의 문제 그리고 활동의 결과에 대한 책무성을 말한다. 이 중에서 활동의 결과에 대한 책임감은 장기적 관점에서 아주 중요하다. 활동의 결과에 대한 책무성을 준수하기 위해서는 수혜자 집단의 자치성을 지지해 주어야 한다. 이러한 자치성을 존중하기 위해서는 고통 받는 개인을 표적으로 하는 일시적 지원이 아닌, 개인이 소속되어 있는 지역사회를 표적으로 하고, 그 사회와의 협력을 통한 장기적인 지원을 계획해야 한다. 책임감 있는 인도주의적 지원이 되기 위해서는 수혜자 개인뿐만 아니라 그 개인이 속한 집단의 존중도 함께 이루어져야 하기 때문이다. 다시 말해 지역사회와 현지 문화를 배제해서는 안 되며, 그들에게 필요한 것이 무엇인지 제대로 알아야 한다. 또한 일방적인 개입이 아닌 평등한 관계를 바탕으로 '협력적' 인도주의에 입각한 지원이 행해져야 한다. 자치성에 대한 존중이 없으면 제국주의적 성격을 쉽게 지닐 수 있다. 인도주의적 지원은 수혜 대상을 조정하여 이득을 취하고자 하는 제국주의적 의도를 지녀서는 안 된다.

중립성

인도주의적 활동은 어떠한 적대적, 공격적 행위에도 관여해서는 안 되며, 어떠한 갈등상황에서도 어느 한 쪽에 편파적인 행위를 해서는 안 된다. 특정 이해관계자의 이익을 위한 요청에 응해서는 안 되며, 피해를 입거나 불공평한 불이익에 처한 주민들을 대변해야 한다. 중립성은 선량한 주민과 가해 집단 사이에서의 중립을 말하는 것이 아니라, 고통에 빠져있거나 부당한 피해를 받고 있는 주민들의 중심에 서있는 것을 말한다.

복제가능성

지역 사회에서의 인도주의적 지원은 그 사회가 충분히 스스로 흡수할 수 있는 것이어야 한다. 그래서 지원이 종료되었을 때 지역 사회 스스로 유지 발전시킬 수 있는 역량을 갖추고 있어야 한다. 복제가능성이 없는 지원은 오히려 해당 사회에 혼란을 줄 수 있으며, 열등 시민의식을 줄 수 있다. 훌륭한 의료기관을 설립해 주었으나 현지 지역사회가 의료기관을 운영할 능력이 없는 경우가 여기에 해당된다. 국제개발협력 사업에 있어서 복제가능성이 낮은 주요한 이유 중에 하나가 조건부원조(Tied Aid) 때문이다. 조건부원조란 공여국의 물품이나 서비스만을 활용해야 하는 조건이 있는 원조를 말한다. 그러나 대체로 공여국과 수원국 간의 경제 수준의 차이와 보건의료시스템과 의료기술의 특성과 수준의 차이가 크기 때문에, 의료장비의 수준 차이도 당연히 크다.

그래서 정작 수원국에서 필요한 장비는 공여국에서는 이미 생산이 중단되는 경우가 많다. 결국 자국의 산업 보호를 위한 조건부원조는 복제가능성을 심각하게 위협하게 된다. 활동방식에 따른 문제로 인한 복제가능성의 위협요소도 많이 있다. 대표적으로 주인의식(ownership)의 배제를 둘 수 있다. 주인의식이란 인도주의 활동에 현지 지역사회가 프로젝트에 주도적으로 참여하는 것을 말한다. 인도주의 활동가는 이들이 활동할 수 있는 기회와 공간을 공개적으로 마련하여 프로젝트의 기획 단계부터 참여토록 해야 한다. 이 경우 인도주의 활동가는 그들의 파트너이자 조력자의 역할을 수행하는 것이 바람직하다. 이는 복제가능성을 높이는 절대적인 조건이라고 할 수 있다. 단, 재난대응 초기에는 복제가능성에 대해 고려하지 말고, 생명 연장과 고통 경감을 위한 활동에 집중해야 한다.

독립성

인도주의적 활동은 어떠한 이유로든 고통 받은 자의 삶을 돕기 위한 지원에 책임을 다하며 정치적이거나 종교적이지 않아야 한다. 그리고 인도주의 원칙과 각 단체 내 규칙을 제외한 어떠한 다른 정치적 또는 종교적 의제에 의해 간섭받아서는 안 된다. 이러한 독립성에는 정치적 독립성, 재정적 독립성, 종교적 독립성 등이 포함된다. 이 중에서 많은 인도주의 NGO들이 어려워하는 것은 재정적 독립성이다. 최근 NGO의 역할이 커짐에 따라 각 국가의 원조기구, UN, 국제금융기구들이 국제 NGO와 동반 관계를 강화하고 있고 예산 지원을 증대시켜 나가고 있다. 하지만 활동에 필요한 재원을 시민이 아닌 다른 영역의 기관에 의존하게 되면 NGO의 가치 기준에 따른 활동에 제약이 따르기 쉽다. 특히 우리 사회는 피지원 기관을 파트너로 인식하기보다는 갑-을 관계의 대상으로 보는 경향이 크기 때문에, NGO들은 끌려 다니는 입장에 처하게 된다. 인도주의적 원칙을 실현하기 위해 재정적 독립성 확보가 얼마나 중요한지를 보여주는 보건의료적 지원 NGO의 좋은 사례가 국경없는의사회이다. 국경없는의사회는 1971년 프랑스 의사들과 의학 전문 언론인들에 의해 설립된 국제 인도주의 의료 구호 단체로, '활동' 과 '발언', '치료'와 '증언'을 국경없는의사회의 설립 가치로 삼고 있다. 국경없는의사회는 세계에서 가장 모금 규모가 큰 NGO로, 자신들의 최고의 원칙 중 하나로 독립성을 두었고, 정부의 지원을 전혀 받지 않는다. 심지어 각 나라에 지부를 설립할 때에도 외교부 소관 법인으로 들어가지 않는다. 외교적 문제로 인해 간섭을 받을 수 있기 때문이라고 한다.

국제보건에 있어 인도주의의 핵심 주제는 전 세계적으로 연계되어 있는 건강불평등(inequity)이다. 건강불평등의 문제는 한 국가 내뿐만 아니라 국가 간 관계 그리고 전 세계적인 공통의 문제로 나타난다. 그래서 국제보건 분야의 인도주의적 접근은 다양한 지리적 범위에서 당면하고 있는 건강불평등의 원인을 찾고 이를 해결하기 위해 어떤 자원과 기술, 시스템을 활용할 수 있는지, 어떻게 해결해나갈 것인지를 세계적 차원에서 고민하는 것이다. 건강불평등을 해소하는 것은 인간의 기본적 권리를 찾는 과정과 일치한다. 1966년 UN총회의 '경제적, 사회적 및 문화적 권리에 관한 국제규약'에서는 인간의 건강을 추구해야 할 기본적 권리로 명시하였다. 세계보건기구 헌장에는 인도주의적 국제보건이라는 용어가 직접 사용되지는 않았지만 "도달 가능한 최고 수준의 건강을 누리는 것은 인종, 종교, 정치적 신념, 경제·사회적 조건에 따라 구분되지 않는 모든 인간의 기본적 권리"라고 설명하였다. 즉, 건강한 상태를 인간의 기본 권리로 규정함에 있어 인도주의적 보건 개념을 포함하고 있다고 볼 수 있다. 인도주의와 국제보건의 의미와 본질을 고려해보면, 인도주의적 국제보건은 "사회적 불평등과 자연재해나 분쟁 등의 재난으로 인해 야기되는 타자의 불건강 현상에 대해, 의도된 이익이 없이 개입하여 더 나은 건강상태로 변화시키려는 전 지구적 연대 행위"라고 할 수 있다.

하지만 정치의 실패, 전쟁이나 지역사회 폭력, 소수집단의 소외 등의 문제는 인간의 건강불평등을 악화시키고 건강권을 심각하게 위축시키는 상황을 만든다. 이러한 상황일수록 어려운 처지에 놓인 사람들을 도와야 할 필요성이 크게 증가하게 된다. 이러한 상황에서 인도주의적 활동은 보건학적으로 취약한 대상을 찾아서 문제의 원인을 찾아 해결하는 것에 집중해야 한다. 하지만 보건의료 상황이 취약하거나 건강 유지가 위험한 환경일수록 한 국가, 한 지역에서 주민들의 건강을 지킬 수 있는 능력은 떨어지게 마련이다. 게다가 자체적으로 보건의료상 위협요인들을 제거할 능력이 부족하기 때문에 상황은 더욱 악화될 가능성이 높다. 그래서 외부의 도움이 없이는 이를 벗어나기 힘들 수 있고, 그로 인한 좋지 않은 영향은 한 국가 또는 한 지역에 머물지 않고 여러 국가나 지역으로 옮겨질 수도 있다. 이는 국가 간 이동과 교역이 증가함에 따라 전 지구적인 상호연계성의 범위와 강도, 속도, 영향력이 빠르게 커지고 있는[85]지구화와도 관련이 있다. 즉 사회행위의 모든 측면에서 연계성이 지구적으로 확대되고 있으며 보건의료 측면도 예외가 아니다. 보건 측면에서 지구화의 단적인 예는 에볼라와 메르스의 전 지구적 확산 사태이다. 에볼라 바이러스는 2013년부터 2018년 현재까지 유행하고 있다. 2016년 3월 기준으로 10개국에서 2만 8천명이 넘는 에볼라 바이러스 감염 환자가 발생하였고 그 중 6개국의 환자 약 만 명이 사망하였다.[86] 또한 2017년 7월 세계보건기구 자료에 따르면 메르스 바이러스에 감염된 환자는 2012년부터 한국을 포함한 27개국에서 발생하였다.[87] 이렇듯 한 국가에서 발생하는 감염병의 문제는 오늘날, 단순히 한 국가의 질병 문제에 국한되지 않는다. 오늘 지구 반대편에서 발생하는 질병 문제는, 내일 한국의 심각한 질병 문제가 될 수 있다는 것이다. 지구화의 범위는 나비의 작은 날갯짓이 지구 반대편의 날씨 변화를 일으키듯, 미세한 변화가 추후 엄청난 결과로 이어진다는 의미인 나비효과에 비유할 수 있다. 다시 말해 지구화가 이루어진 현대 사회에서 전 세계는 긴밀히 연결되어 있어 정치, 경제, 사회, 문화 등 모든 방면에서 나비효과가 적용되고 있다. 지구에서 나타나고 있는 여러 가지 문제에 의해 나타난 결과는, 다시 빠른 속도와 광범위한 범위에 새로운 원인으로 작용할 수 있다. 또한 하나의 문제가 하나의 국가나 몇몇 인접국에게 영향을 미치는 것이 전 지구적인 숙제로 남게 될 수 있다.

이렇듯 건강 문제의 지구화로 인해 국제보건의 중요성이 커짐과 동시에 건강의 불평등과 건강권의 위협은 국제보건의 핵심적인 문제이다. 즉 건강 문제의 지구화는 질병의 영향이 전 세계적으로 확산되었다는 지리적인 문제뿐만 아니라, 이로 인해 건강의 불평등이 악화될 가능성이 높아졌다는 것을 의미한다. 이와 더불어 신자유주의에 의한 세계 경제의 지구화 현상은 보건 분야에도 심각한 영향을 미치고 있다. 앞서 언급한 서아프리카의 에볼라 사태는 이러한 위협을 잘 설명해준다. 대중에게 알려진 것과 달리 에볼라의 최초 발생지는 1967년 독일 마르부르그였다. 한 생물학 연구실에서 일하던 연구원들이 에볼라 바이러스에 감염되어 이들을 돌보던 31명의 가족들에게 옮겨졌었다.[88] 그리고 이들 중 7명이 사망하였지만, 더 이상의 에볼라의 확산은 없었다. 전문가들은 대부분 정상적 사회에서는 환자 격리와 방역만으로도 에볼라 확산을 쉽게 막을 수 있다고 본다. 서아프리카의 에볼라 사태는 이들 나라가 너무 가난하고, 일부 나라는 오랜 기간 내전을 겪으면서 공중보건 시스템이 완전히 무너졌기 때문이라는 주장이 힘을 얻는 이유다. 국제통화기금IMF은 이들 나라들에게 신자유주의적 경제로의 전환을 요구했고, 각 정부는 공공지출을 제한할 수밖에 없기 때문에 공중보건 시스템을 복원하지 못한 것이 에볼라 사태의 중요한 요인으로 작용한 것이다.

국제보건 활동에 있어서 지구화의 문제와 더불어 중요한 문제는 사람들이 살고 있는 지역사회의 건강불평등 문제이다. 즉 풀뿌리 건강 공동체인 지역사회의 구조적인 문제들을 해결하는 노력이 필요하다. 모든 사람들에게 주어지는 보건 서비스는 지역사회 안에서 행해진다. 즉 보건 서비스의 최종적인 분배는 지역사회에서 이루어지고 지역보건의료체계의 운영을 통해 제공된다. 국제보건 활동이 주민들과 만나는 지역사회에 국한된 보건의료 자원의 공평한 분배와 효율적인 운영은 최종 보건의료 사용자인 주민들에게 너무나도 중요하다. 건강권을 지키기 위한 최소한의 일차보건의료서비스가 적절하게 제공되어야 하고, 지역보건의료시스템은 이를 위해서 잘 가동되어야 한다. 그래서 지역사회에서의 인도주의적 국제보건 활동은 일차보건의료서비스가 주민들에게 적절하게 제공될 수 있도록 보건의료시스템의 확충을 위한 활동을 강화해야 한다.

국제보건의 인도주의적 접근은 철저한 결과 중심으로 이루어져야 한다. 아무리 좋은 의도라 하더라도 좋은 결과로 이어지는 것이 아니기 때문이기도 하지만, 좋지 않은 의도의 개입을 제어하기 위해서는 활동의 결과를 확인해야 하기 때문이다. 국가 간 국제개발협력 사업에 있어서도 이러한 결과 측정을 위한 노력들이 이루어지고 있고, 주로 투입 대비 성과를 측정하게 된다. 하지만 대부분의 사업에 대한 평가는 공여국의 결과중심관리(Result Based Management)를 통해 그 성과를 측정한다. 하지만 결과 데이터를 통해 성과와 변화를 입증하는 것은 여전히 어려운 과제이다. 국제개발협력 사업의 성과 측정 지표로 가장 많이 활용되는 것은 OECD 5대 지표이다. 하지만 정부-정부, 국가-국가 간의 사업 평가를 위해 만들어진 OECD 5대 지표 등은 지역사회에서 이루어지는 사업의 성과를 측정하기에는 다소 한계가 있다.

　'메디피스'의 경우, NGO 활동가의 수혜 그룹에 대한 책무성을 강화하기 위해서 인도주의 성찰 지표를 개발하여 적용하고 있다. 인도주의 활동가는 기술적인 측면 외에 국제 활동의 근본적인 성찰이 잘 이루어지고 있는지 스스로 평가하고 일상적으로 개선하려는 노력을 기울여야 한다. 이 책무성을 확인하기 위해서 메디피스는 해당 지역 주민들의 정확한 이해와 요구의 반영, 지역사회 구성원의 불평등 요소 개선, 지역사회 구성원의 주도적인 참여를 보장하기 위한 노력의 정도, 이해관계자 및 협력 가능 대상과의 협력을 위한 노력의 정도, 사업의 성과가 적절한 비용에 의해서 이루어지고 이 성과가 현지 역량에 의해서 지속될 수 있도록 하기 위한 노력의 정도, 현지 문화를 존중하고 사업 실행 세부 과정에서의 현지문화 담지를 위한 노력의 정도, 프로젝트 수행의 과정 및 결과가 인권과 건강권 등 기본권을 침해하지 않고 프로젝트의 성과가 기본권을 강화시키기 위한 노력의 정도, 프로젝트의 내용이 현지 역량을 고려하고 개발하여 꾸준히 확대재생산할 수 있도록 만들기 위한 노력의 정도에 대한 지표항목을 설정하여 각각에 대한 구체적인 실행 여부를 평가한다.

<표 1> 인도주의 지표 항목과 정의

항목	정의	취지
주민요구 적합성	해당 지역 주민들의 정확한 이해와 요구를 반영하기 위한 노력의 정도	해당 지역 주민들이 보편적인 이해와 요구를 반영하여 지역사회의 구성원으로서의 역할과 역량 강화
형평성	지역사회 구성원의 불평등 요소를 개선하기 위한 노력의 정도	해당 지역의 건강불평등 해소에 미치는 영향을 고려
주도성	지역사회 구성원의 주도적인 참여를 보장하기 위한 노력의 정도	해당 지역 거버넌스 강화에 미치는 긍정적 영향이 있어야 하고, 프로젝트의 진행에 있어서 거버넌스 안에서 작동하고 있어야 함
협력성	이해관계자 및 협력 가능 대상과의 협력을 위한 노력의 정도	이해관계자는 수혜그룹, 지원그룹, 주변 그룹으로 이루어지며 이들 모두와의 좋은 파트너십이 있어야 함
효율성, 지속성	사업의 성과가 적절한 비용에 의해서 이루어지고, 이 성과가 현지 역량에 의해서 지속될 수 있도록 하기 위한 노력의 정도	프로젝트는 비용 대비 효과를 고려하여 진행하여야 하며, 이는 후원자들의 기부 취지에 맞게 진행되어야 함 활동은 종료 이후에도 그 작동이 지속되어야 하며, 지역사회가 감당할 수준에서 이루어져야 함
결과성	적확한 실행 결과를 예측하고 그 성취를 위한 과학적인 노력의 정도	프로젝트의 결과는 반드시 성과를 담고 있어야 하며, 과정은 원칙이 준수되어야 함
문화성	현지 문화를 존중하고 사업 실행 세부 과정에서의 현지문화 담지를 위한 노력의 정도	활동은 현지의 일상의 즐거움과 가치를 존중하고, 이에 동화되어야 함
범분야성	보건의료 이외에 사회 발전을 위한 다양한 분야에 대한 고려의 정도	활동은 지역사회의 전반적 안정과 발전에 기여해야 하며, 타 분야의 문제점이 활동을 저해하거나 우리 활동의 결과가 타분야에 부정적 영향을 미처서는 안 됨
기본권 보장성	프로젝트 수행의 과정 및 결과가 인권, 건강권 등 기본권을 침해하지 않고, 프로젝트의 성과가 기본권을 강화시키기 위한 노력의 정도	인간으로서 누려야 하는 기본권은 어떠한 이유에서든지 침해받아서는 안 되며, 우리의 활동의 과정에서 부당한 감정을 갖게 해서는 안 됨
지구 안정성	지구온난화 등 전지구적 문제의 해결을 위한 지역적인 기여도를 높이기 위한 노력의 정도	우리의 모든 활동은 지구의 긍정적 변화에 기여해야 하며, 활동의 과정이나 내용에서 이를 위반하는 경우가 있어서는 안 됨
복제 가능성	프로젝트의 내용이 현지 역량을 고려하고 개발하여 꾸준히 확대재생산할 수 있도록 만들기 위한 노력의 정도	현지 역량이 감당하지 못하는 콘텐츠가 지역사회 안에 들어가서 지속적 운영이 불가능하게 해서는 안 되며, 특히 이로 인해 지역 주민에게 좌절을 주어서는 안 됨

기존에 성과 측정을 위해 많이 사용한 OECD 5대 지표와 비교해보면 OECD 지표의 경우 현지 국가 정책과의 일치 여부에 따라 사업의 적절성을 판단하였지만, 인도주의 지표의 경우 사업이 주민들의 수요에 근거하여 기획, 수행되었는지를 판단한다. 또한 지역사회 참여 정도를 의미하는 주도성을 측정하여 사업이 지역사회의 거버넌스 안에서 주도적으로 이루어졌는지를 확인해볼 수 있다. 본 지표를 사용하여 지역사회에서 이루어진 사업의 성과를 측정한다면 정량적인 통계가 어려울 수 있다는 한계가 있기는 하나 보다 심층적인 정성적인 평가가 이루어질 수 있을 것으로 기대된다.

인도주의적 국제보건 전문 NGO : 메디피스

2009년, 대한민국에서 시작된 메디피스는 모두가 평등하게 건강할 권리를 누리며 의료소외가 없는 세상을 만들어가는 국제보건 전문 NGO 이다.

낮은 사회적 형평성으로 인해 발생하는 취약계층의 건강 문제를 지역사회를 기반하여 지역공동체 강화에 기여하는 방법을 통해 해결하고자 한다. 지역보건체계 강화를 통한 적절한 일차보건의료 제공을 목표로 헌신한다. 또한, 메디피스는 정부나 자본의 영향력에 구애받지 않는 시민사회단체가 되기 위해 독립성 확보와 현지 활동가 중심으로 인도주의 활동을 하는 현지화를 목표로 삼고 있다.

메디피스의 철학과 가치를 추구하고 달성하기 위한 일련의 노력은 보편적 윤리에 맞게 추진되어야 하며, 특정 집단의 이익을 위해 복무해서는 안 된다. 메디피스의 활동이 전개되는 지역의 법과 제도를 준수하고, 모든 시민들의 권리를 침해하지 않는다. 메디피시안(Medipeacian)은 타자로 인식되는 모든 사람을 인격적 약자로 대하거나 측은한 대상으로 보지 않으며, 반드시 연대의 파트너로 인정한다. 계급적, 계층적 구조 속에서 파트너십을 형성하지 않으며, 현지 주민의 지역사회적, 보건의료적 필요에 대응하기 위해 현지 파트너들과 협의와 합의 과정을 통해 공감을 얻어 함께 일을 추진한다.

메디피스는 가치를 기본으로 현재 탄자니아, 베트남 지부를 두고 있으며, 이 외에도 필리핀, 볼리비아, 세네갈, 파라과이 등지에서 인도주의적 국제보건을 실현해 나가고 있다.

[메디피스의 철학]

사명   1. 인류의 생존과 지구의 지속적 관리

      2. 전 지구적 시민연대

원칙   1. 보편적인 윤리

      2. 협력의 책임

책임   1. 연대의 책임

      2. 지구적 책임

      3. 직업적 책임

      4. 조직적 책임

과업수행 1. 지역사회 기반

      2. 기초적 보편적 보건서비스

3

국제보건과 건강불평등

이태범, 김세현

국제보건사업을 수행하는 데 있어서, 건강불평등 문제는 중요한 고려사항 중 하나이다. 국제보건사업에서 직접적 혹은 간접적 목적으로 건강불평등 감소를 주요한 사업 목적으로 설정하는 경우가 많이 있으나, 이에 대한 근본적 문제의식과 대응 방안은 아직도 미흡한 상황이다. 따라서 본 장에서는 국제보건사업에서 반드시 발생하는 문제인 건강불평등의 현황과 원인, 대응 방안 등에 대하여 살펴보고자 한다.

우선 공적개발원조(ODA) 사업 자금의 규모에서 국가 간 발생하는 건강불평등 문제를 알아보고, 이러한 건강불평등 문제를 고려한 공적개발원조 사업에서의 우선순위 설정 문제를 알아보고자 한다. 그리고 근본적으로 건강불평등을 어떻게 정의할 것인가에 대한 개념 확립 문제, 또한 건강불평등이 발생하는 원인들을 알아볼 것이다. 또한 새천년개발목표나 지속가능개발목표 등 전 지구적 목표를 갖고 수행된 국제보건 사업들의 결과가 건강불평등 감소에 얼마나 기여를 했는지, 그로 인한 건강불평등 문제의 해결가능성에 대해서도 목표 대비 실적을 비교하여 알아본다.

또한 국제보건사업의 분야별로 건강불평등이 발생하는 현황과 영유아, 빈곤 문제, 연구 동향 등의 측면에서 건강불평등을 검토하여 이러한 건강불평등을 감소하기 위해 고려해야 하는 사항들을 제시할 것이다. 또한 거주 지역, 도시화, 식량 배분, 의료서비스 접근성 문제를 해결하기 위해 국제보건사업을 수행할 때 고려해야 할 건강불평등 문제들을 알아볼 것이다. 마지막으로는 국제보건 사업을 통하여 건강불평등을 조정하기 위해 필요한 내용들을 살펴보고, 국제보건 사업이 건강불평등 문제를 해결하기 위해 궁극적으로 가야 할 방향에 대해서 제안하고자 한다.

1. 국제보건 사업과 건강불평등

▌공적개발원조와 국제사회 내 건강불평등

앞서 2장에서 설명하였듯, ODA는 공적개발원조로, 개발도상국의 경제 개발과 복지 증진을 위해 원조 공여국이 자체의 재정 자금으로 공여하는 순수 원조를 일컫는다. 현재 이러한 ODA 사업은 OECD 국가들을 중심으로 한 공여가 아프리카 등 개발도상국들인 수원국에게 활발하게 진행되고 있다. 하지만 사업에 따라 규모나 내용이 다르게 구성되는 ODA로 인한 건강불평등이 발생하기도 하는데, 그 자세한 내막을 알아보자.

ODA로 인한 건강불평등이 발생하는 것을 확인하기 위해서, 유사한 경제수준의 분쟁 국가와 비분쟁 국가 간 생식보건 분야 ODA 지원에 대해 비교한 조사가 있다. 이 조사는 2003년~2006년 18개의 분쟁 국가에 지원된 공적개발원조 사업에 대해 분석했는데, 4년간 18개국의 생식보건 분야에 지원된 자금 총액의 평균은 5억 9백만 달러였다. 이는 18개 분쟁 국가에 지원된 총 208억 달러의 공적개발원조 자금의 약 2.4%에 달하는 규모였고, 연간 수원국 국민 1인이 지원받는 금액은 평균 1.3 달러였다. 연간 수원국 국민이 지원받는 평균 금액을 기준으로, 4년간 생식보건 분야에서 가장 많은 공적개발원조 지원을 받은 국가는 우간다($ 4.80$), 동티모르($ 3.20$), 중앙아프리카공화국($ 2.90$)이었고, 가장 적은 지원을 받은 국가는 콜롬비아($ 0.10$), 스리랑카($ 0.30$), 미얀마($ 0.30$)였다. 동티모르와 이라크의 경우 소말리아나 DR콩고보다 높은 수준의 생식보건을 유지하고 있음에도 불구하고, 더 많은 공적개발원조 지원을 받았다.

조사 결과에 따르면, 평균적으로 최저개발국 중 비분쟁 국가들은 분쟁 국가들에 비해 더 나은 보건지표를 보임에도 불구하고 53.3%가량 많은 ODA 자금을 지원받았다. 이러한 재원 지원의 불평등은 수원국과 공여국간 지정학적(geopolitical), 역사적 맥락에서 설명될 수 있으며, 뿐만 아니라 수원국의 거버넌스가 얼마나 건전한지, 국가 보안상의 위험요소가 있는지, ODA 사업에 대해 해당국가가 얼마나 수용적인지 등의 요소에 의해 영향을 받는다. 즉 원조사업은 실제 분쟁 국가에서 수행되는 것이 매우 어렵기 때문에, ODA는 대개 서비스 제공을 위한 역량과 기반시설, 시스템이 갖춰진 곳에 지원된다.[89]

▌국제보건 사업 목표의 우선순위 설정

국제보건 사업을 실행하기 위한 우선순위는 어떠한 목표를 설정했는가에 따라 달라진다. 한 예로, 국제보건 분야에서 측정 가능한 성과를 도출할 수 있는 단기 프로젝트의 붐이 일었던 때가 있었다. 눈에 보이는 성과를 확인할 수 있는 단기성 보건의료 사업은 실제 질병부담이나 건강수명을 크게 개선하지 못했지만 사업 직후 보여주는 변화로 인해 사회경제적 불평등을 줄일 수 있는 사업으로 간주되기도 했다. 또 다른 예로, 새천년개발목표는 특정 인구집단의 건강 개선을 목표로 하는 반면, 지속가능개발목표는 보편적 건강보장을 추구한다. 이 점에서 국제보건 활동가들은 지속가능개발목표 아래 사회경제적 취약계층뿐만 아니라 상위계층도 포함해야 하기 때문에 우선순위를 설정하는 데 어려움을 겪을 수 있고 어떤 것을 우선순위에 두느냐에 따라 사업의 방향이 달라질 수도 있다. 즉 보건 사업의 대상을 선정할 때 절대적인 기준으로 평가해야 할지, 상대적인 기준으로 평가해야 할지 불확실한 경우가 발생할 수 있다. 우리는 최저개발국 주민과, 선진국에 거주하지만 어려운 환경 속에 살아가는 주민들 중 누구를 우선순위에 두어야 할까?

이렇듯 국제보건 사업에서는 절대적 기준과 상대적 기준, 객관적 기준과 주관적 기준 등을 모두 포함하여 포괄적인 목표를 설정할 필요가 있다. 따라서 국제보건 활동가는 사회 경제적 요소뿐만 아니라 환경 결정요인을 아우르는 전 범위에서 보건 프로그램을 평가하고 우선순위를 정해야 한다. 국제보건 사업을 수행하며 우리가 흔히 생각하는 '보건의료 개선'의 틀에서 벗어나 좀 더 포괄적인 접근이 가능하다면, 우리는 많은 보건 사업의 사회적 효과를 더 높일 수 있을 것이다.

2. 건강불평등

▌건강의 결정 요인

건강불평등은 사회적으로 더 유리하거나 취약한 집단 사이에 건강
상 유의미한 차이가 있는 것을 의미한다. 보건의료적 측면에서 건강불
평등은 다양한 원인과 환경에 의해 발생 가능하며, 동일한 중재가 이루
어진다 할지라도 사회경제적 요인, 진단의 정확성, 환자의 순응도 등에
따라 실제 효과가 달라질 수 있다.[90] 환자의 순응도란 환자가 의료
제공자 즉, 의사나 간호사, 약사의 의학적 조언에 따라 치료를 따르는
정도를 말한다. 사회학적인 측면에서 건강불평등은 인간의 사회활동
에 의한 결과로 볼 수 있으며, 자본주의 사회에서는 경제수준에 따라
건강상의 격차가 발생하는 것으로 인식된다. 사회학에서는 경제수준
이 경제발전, 민주적 거버넌스, 복지수준뿐만 아니라 지역사회의 건강
까지 결정한다는 관점으로 건강불평등을 바라보고 있으며, 특히 건강
불평등이 유전적 특성이나 확률에 의한 건강차이가 아니라 사회경제
적 차이에 의해 발생한다는 시각을 갖고 있다.[91]
 국제보건에서의 건강불평등은 국제보건 사업의 궁극적인 목표라는
측면에서 보건의료적 측면과 사회적 측면을 모두 고려하여 개인의
신체수준이나 경제수준에 의한 건강 차이에 국한되는 것이 아닌 다양

한 요인으로 인해 발생하는 건강 차이를 건강불평등으로 생각해 볼 수 있다.

우리의 건강은 사회 문화적, 경제적, 정치적 요인으로부터 영향을 받는다. 복합적인 요소가 건강을 결정하는데 작용하기 때문에 건강 결정 요인을 이해하고 이에 개입하는 것은 매우 복잡하다. 특히 사회적 불평등은 건강을 결정짓는 핵심 요소 중 하나이다. 저소득 및 중소득국가의 저소득층 시민들은 대부분 건강 문제를 갖고 있으며, 일반적으로 교육 수준, 소득, 고용 상태 등이 열악할수록 더 높은 사망률과 질병 이환율을 보인다. 반대로, 개인의 소득이 안정적일수록 건강 수준은 높게 나타나는 경향을 보인다.

그러나 경제적 요인이 개인의 건강에 영향을 미친다고 해서 단순히 경제적 번영을 추구하거나 보건서비스 제공을 향상시키는 방법에만 의존하면 인구집단의 건강을 개선시킬 수 없다. 예컨대 대기오염은 HIV/AIDS와 말라리아를 합한 것보다 더 많은 조기사망을 초래한다. 대기오염은 단순한 경제 확장을 통해 감소시킬 수 있는 것이 아니며, 이와 같은 경우 경제적 접근이 아닌 환경적 요인에 대한 개입이 필요하다. 이러한 예를 통해 알 수 있듯이, 국제 사회에서 건강불평등을 해소하기 위해서는 인구집단을 둘러싼 다양한 건강 결정 요인에 대한 분석이 필요하며 복합적인 접근이 필요하다.

3. 국제보건 사업 추진현황

▎새천년개발목표의 성과와 한계, 지속가능발전목표의 출범

새천년개발목표MDGs는 2000년 유엔 밀레니엄 정상회의에서 채택된 8가지 목표로, 지구상의 빈곤과 불평등을 줄이고 지구촌 인구의 삶을 개선하고자 구상되었다. 2015년까지 전 세계는 새천년개발목표 달성을 위해 많은 노력을 기울였는데, 그 중 보건 영역과 관련이 많은 목표에 대한 성과는 크게 다섯 가지로 나누어 볼 수 있다.

첫 번째 목표 1인 '극심한 빈곤과 기아 퇴치'에서는 개발도상국 내 하루 수입 1.25 달러 이하 빈곤층이 1990년 기준 47% 에서 2015년 14%로 절반 이상 감소했다. 하지만 여전히 8명 중 1명은 기아로 고통받고 있다. 두 번째, 목표 4인 '아동 사망률 감소'에서는 5세미만 아동 사망률이 1990년 기준 1천 명 당 90명에서 2015년 43명으로 절반 이상 감소했다. 또한 2000년~2013년 사이 홍역 예방접종으로 약 1천5백만 아동을 살릴 수 있었다. 이렇게 일정 부분 성과는 있었지만, 목표 달성을 위해서 더 많은 노력이 필요하다. 세 번째, 목표 5인 '임산부 건강 개선'에서는 모성사망비가 1990년 10만 명 당 380명에서 2015년 210명으로 줄어들어, 1990년대 이래 45% 감소하였으나 목표 달성까지는 크게 못 미쳤다. 또한 2014년 기준, 71% 이상의 산모가 숙련된 의료진의 조력 하에 분만을 진행했는데, 1990년에는 59%에 불과했다. 그러나 개발도상국에서는 아직도 전체 산모의 절반만이 권장 횟수만큼의 산전관리를 받았다. 네 번째, 목표 6인 'HIV/AIDS, 말라리아 및 기타 질병 퇴치'는 신규 HIV 감염이 2000년도 기준 350만 명에서 2013년 210만 명으로 40%가량 감소했다. 또한 2014년 6월까지 1,360만 명의 HIV환자가 항레트로바이러스 치료를 받았고, 1995년부터 2013년까지 약 760만 명의 환자가 AIDS로부터 사망하는 것을 막을 수 있었다. 말라리아 퇴치를 위해 2004년부터 2014년까지 사하라 이남 아프리카 지역에 살충 처리된 모기장을 9억 개 이상 배포했으며, 2000년과 2015년 사이 620만 건 가량의 말라리아 사망을 예방할 수 있었다. 그리고 2000년과 2013년 사이에는 활발한 결핵 예방, 진단 및 치료 활동을 통해 약 3천 7백만 명을 결핵으로부터 살릴 수 있었다. 마지막으로 목표 7인 '지속가능한 환경 보장'에서는 2015년 전 세계 인구의 91%가 개선된 식수원을 사용할 수 있게 되었으며, 1990년 이후 개선된 식수원을 사용할 수 있게 된 26억 명의 인구 중 19억은 배관 식수원(piped drinking water)을 사용할 수 있게 되었다. 그리고 오존 파괴 물질의 98% 가량을 제거했다.

위와 같이 새천년개발목표를 통해 많은 성과를 이루었음에도 불구하고 여전히 많은 한계들을 보여준다. 첫 번째는 성불평등이 지속된다는 점이다. 여성들은 여전히 직업과 경제적 자산에 대한 접근뿐만 아니라 사적, 공공적 의사 결정 참여에 차별을 당하고 있다. 또, 여성은 남성보다 빈곤 속에 살 가능성이 더 높은 것으로 나타난다. 라틴 아메리카와 카리브해 지역 내 빈곤가정의 여성과 남성의 비율은 전체 지역의 빈곤율이 감소했음에도 불구하고 1997년 남성 100명당 여성 108명에서 2012년 남성 100명당 여성 117명으로 증가했다. 노동의 경우,

전 세계적으로 근로 가능 연령 남성의 약 4분의 3이 노동에 참여하는 반면 여성은 절반만이 노동에 참여하는 것으로 나타난다. 세계 여성인구는 남성인구보다 24% 적음에도 불구하고 여성은 유사한 교육 수준을 가진 남성보다 실업률이 높다.

두 번째는 지역 간 빈부격차로 인한 건강 수준의 차이이다. 개발도상국에서 가장 가난한 20%의 아동은 가장 부유한 20%의 아동보다 발육 부진일 확률이 두 배 이상 높다. 빈곤 가정의 아동은 부유한 가정의 아동보다 학교에 다니지 못할 가능성이 4배 더 높고, 5세 미만 아동사망률은 약 두 배가량 높다. 농촌 지역에서 숙련된 의료인이 분만에 참여하는 비율은 약 56%로 도시 지역 평균인 87%에 한참 못 미친다. 농촌 인구의 약 16%는 개선된 식수원을 사용하지 못하며, 약 50%는 위생 시설 개선이 이루어지지 않은 곳에 살고 있다.

세 번째는 기후변화로 인한 환경 파괴이다. 1990년 이래로 전 세계 이산화탄소 배출량이 50% 이상 증가했다. 온실가스 배출량의 급격한 증가는 기후변화를 야기하며 국제 사회의 심각한 문제로 자리 잡았다. 2010년에는 코스타리카 크기에 해당하는 520만 헥타르의 숲이 손실되었다. 과도한 어획으로 어종의 수와 분포가 감소하기 시작했으며, 이는 점점 더 멸종에 가까워짐을 의미한다. 물 부족은 전 세계 사람들의 40%에게 영향을 미치며 앞으로도 증가할 것으로 예상된다. 빈곤층 인구의 생계가 천연 자원과 직접적으로 관련된 바, 이들은 가장 취약한 지역에 거주하며 환경 파괴의 피해를 가장 많이 겪는다.

네 번째는 계속되는 국제 사회 내 분쟁이다. 2014년 말 국제 사회 내 분쟁으로 인해 약 6천만 명의 사람들이 집을 떠나야 했다. 매일 평균 4만 2천 명의 사람들이 강제로 이주되며 분쟁으로 인한 보호를 요청하고 있다. 아동은 세계 난민 인구의 절반을 차지하며 분쟁 국가에서 학교에 다니지 못하는 아이들의 비율은 1999년 30%에서 2012년 36%로 증가했다. 분쟁에 영향을 받는 국가들은 전형적으로 가장 높은 빈곤율을 보여준다.

다섯 번째는 빈곤 상태의 지속이다. 여전히 지구상 약 8억 명의 사람들이 최빈곤층에 해당하며 굶주림으로 고통 받고 있다. 5세 미만 아동 중 1억 6천만 명 이상의 아동은 영양부족으로 연령에 맞지 않는 발육을 보이고, 5,700만 명의 초등학생은 학교에 다니지 않는다. 전 세계 노동자의 절반이 여전히 취약한 환경에서 일하고 있으며, 적절한 보상을 받지 못한다. 개발도상국의 산모 사망률은 선진국의 산모 사망률보다 14배 높으며, 개발도상국 임산부 중 절반만이 최소로 권고되는 4회의 산전 관리를 받는다.[92] 새천년개발목표 달성을 위한 많은 노력이 기울여졌음에도 불구하고 국제사회에는 건강불평등이 만연하다. 잔류하는 건강불평등 해소를 위한 국제사회의 적극적 관심이 필요하며 사회 구성원 중 어느 누구도 뒤쳐지지 않게 하기 위한 안전망을 구축해야한다.

새천년개발목표가 2015년에 종료된 후 UN은 여전히 남아있는 난제들을 극복하고 발전을 이루고자 지속가능발전목표(SDGs)를 채택했다. 지속가능발전목표는 지구 상 모든 형태의 빈곤 종식, 기아의 종식 및 식량 안보 확보, 영양상태 개선 및 지속 가능 농업 촉진, 건강한 삶의 보장과 전 세대를 위한 복리(well-being) 증진, 모두를 위한 깨끗한 물과 위생시설 접근성 보장, 국가 내 및 국가 간 불평등 해소, 기후변화 대응 등 17개의 목표를 설정하였다. 지속가능발전목표는 모든 인구집단에게 포괄적으로 접근하고 있으며, 형평성을 강조한다는 점에서 국제사회 내 건강불평등의 완화를 기대할 수 있다. 지속가능발전목표에는 17개 목표를 달성하기 위한 세부목표와 지표가 각각 설정되어 있지만, 목표 달성을 위하여 모성사망비가 지금까지의 평균보다 연평균 2배 이상의 큰 폭으로 달성되어야 한다는 점을 고려하면 현실은 목표 달성과 거리가 있다.

세계보건기구의 2015년 보고서에 따르면 1900년에 비해 인간의 기대수명은 6년이 길어졌으며, 3명 중 2명이 비전염성 질병으로 인해 사망하고 있다. 경제적으로 어려운 나라에서는 HIV/AIDS에 걸린 임산부의 3명 중 단지 2명만이 아이의 HIV/AIDS 수직 감염을 예방하고 있다. 성인 남성 3명 중 1명 이상이 담배를 피우고 있으며, 4명 중 1명 이상의 남성은 고혈압 환자이다. 저소득국가 중위연령(median age)이 20대인 것에 비하여 고소득국가는 40대에 이를 정도로 건강불평등은 심화되어 있다. 여기서 중위연령이란 전체 인구를 연령의 크기순으로 일렬로 세워 단순히 균등하게 2등분한 연령을 말한다. 연령 분포는 비대칭이기 때문에 인구의 연령 특성, 특히 인구노령화를 알아보기 위해서는 평균 연령(mean age)보다는 이 중위연령을 주로 지표로 활용한다. 출생률과 사망률이 낮아지면 중위연령은 높아지고, 출생률과 사망률이 높아지면 중위연령은 낮아지는데, 일반적으로 개발도상국의 중위연령이 20대 중반에서 20대 후반인 것을 고려할 때, 출생률이 낮은 선진국은 중위연령이 30세 이상으로 매우 높은 편이다.

2015년 세계 모성사망비는 출생 10만 명 당 216명이다. 2030년까지 모성사망비 70명 달성을 위해서 요구되는 감소율은 연간 7.5%로, 이는 2000년부터 2015년까지의 감소율의 2배 이상이다. 모성사망비 감소의 가장 큰 성과는 2016년에 세계적으로 78%의 출생아가 분만 과정에서 전문 인력의 지원을 받은 것으로, 2000년에는 61%였다. 그러나 사하라 인근 아프리카 지역에서는 2016년에 53%로, 지역 간 건강불평등이 존재한다. 구체적인 목표와 지표는 1장에 서술되어 있지만, 모성사망비와 마찬가지로 대부분의 지표들이 현실적으로 목표를 달성하기는 쉽지 않은 상황이며, 목표가 달성된다고 하더라도 지역 간 건강불평등의 차이는 존재할 수 있다.

이러한 측면들을 보았을 때, '과연 지속가능개발목표가 새로운 개발 패러다임까지 연결될 수 있을 것인가'에 대해서는 많은 사람들이 고개를 갸우뚱할 것이다. 지속가능개발목표의 중요성에 대해서는 대부분의 사람들이 공감할 것이지만, 17개의 방대한 개발목표를 다양한 이해관계자들이 실제로 이행해야 하는 과정에서의 다양한 과제들과, 이를 통해 인류의 운명을 바꿀 만큼의 큰 영향력을 만들어낼 수 있을지에 의문이 생길 수 있다.

우선 지속가능개발목표가 과연 통합적이고 종합적인 것이 맞는지, 아니면 오히려 개발 이슈를 더 분절화하고 파편화시키는 것인지에 대해 생각해볼 필요가 있다. 지속가능개발목표는 개발의 각 부문을 총 17개로 나눠 부각시켜, 구체적 목표에 집중하여 신속하게 기술과 자원을 모을 수 있는 구조를 택하고 있다. 그러나 이러한 접근법은 실용성 측면에서 장점이 있을 수 있으나, 각 행위자나 프로그램은 해당 이슈에만 집중하므로 오히려 전체적인 시스템을 보지 못하게 할 수 있다.

또한 구체적인 목표와 지표를 설정하여 각 국가의 지속가능개발목표 이행을 점검하는 것은 목표 달성의 속도를 높이고 책무성을 강화한다는 점에서 의미가 있을 수 있다. 그러나 모든 세부 목표 및 지표별 측정과 모니터링을 강조하는 이러한 흐름이 실질적으로 빈곤 퇴치와는 크게 관계가 없을지도 모른다. 오히려 통계시스템, 모니터링 및 평가 등에 많은 에너지를 쏟아 선진국을 만족시키는 반면 개발도상국에 필요한 재원과 에너지는 줄어들 수도 있다. 특히 지표, 통계와 데이터를 생산하는 OECD와 같은 국제기구들이나 선진국의 컨설팅 기업, 민간 연구소 등에게는 금광과 같은 돈벌이 수단이 될지도 모른다. 국가 수준의 모든 지표를 개발해내야 하는 개발도상국 통계청에게는 이것은 상당한 부담이고, 끊임없이 인력과 자원을 쏟아 부어야 하는 어려운 작업으로 인식되고 있다. 결과적으로 모니터링에 대한 지나친 강조는, 원조 비용보다 모니터링 비용이 더 커지는 문제를 야기하여, 오히려 지속가능개발목표의 이행과정을 '책무성의 함정'에 빠지게 할 수도 있다.

지속가능개발목표 이행에 대한 논의에서 빠질 수 없는 또 다른 중요한 쟁점 중 하나는 개발 재원이다. 전 세계가 17개의 목표, 169개의 세부 목표를 달성하는 데 전문가들은 매년 약 3조 달러, 원화로 약 3천6백조가 필요하다고 한다. 한국의 한 해 무역 규모가 1조 달러를 못 미치는데, 3조 달러는 얼마나 큰 금액인지 상상조차 가지 않는다. 3조 달러는 전 세계 연간 예금액의 15%, 전 세계 GDP의 4%에 달하는 금액이다. 국제 사회는 공여국에게 GNI 대비 ODA 규모를 0.7%로 확대할 것을 권고하고 있는데, 이 목표치가 실현된다고 하여도 지속가능개발목표 달성을 위해 필요한 재원의 약 1/3 수준에 불과하다. 그렇다면 우리는 어떻게 필요한 재원을 충당할 수 있을까. 지속가능개발목표를 달성을 위한 사항에서는 재원조달 문제뿐 아니라, 목표 자체의 광범위함도 문제가 될 수 있다. 지속가능개발목표는 전 세계 모든 국가의 지속가능한 발전을 17개의 목표, 169개의 세부목표로 규정하고 약 200여개의 지표를 통해 발전 정도를 측정하고자 한다. 지속가능개발목표가 그리는 세상은 지난 3~4여 년간 논의 과정에 참여한 전 세계의 다양한 이해관계자가 낸 목소리의 결과물인 것은 분명한 사실이다. 그러나 이는 방대한 경향이 있으며 모든 국가가 추구해야 할 발전을 동일하게 제시하고 발전 정도를 측정 및 관리할 수 있다는 사고 자체가 구태의연한 근대적 사고방식은 아닐지 생각해 볼 필요가 있다.[93]

새천년개발목표와 지속가능개발목표 모두 전 지구적 건강수준 향상을 목표로 내세우고 그에 따른 실천목적들을 제시하고 있지만, 과연 이러한 목표들이 현실적으로 중요한 것인지 또는 필요한 것인지에 대한 의문이 있다. 전체 인구집단의 건강수준을 일정수준으로 향상시키면 세계인의 건강 증진이 실현될 것인가? 평균수명 50세인 사람을 60세로 증가시키는 것과, 평균수명 80인 사람을 90세로 증가시키는 것이 과연 동일한 10년의 건강수명 향상으로 봐야 할 것인가? 영아사망률이 높은 지역에서 비감염성질환과 보건의료체계 개선사업에 많은 예산을 투입하여 보건지표의 변화를 유도하는 것이 과연 효과적인 접근 방법인가? ODA 공여국에서는 건강불평등 개선을 위하여 수원국 주민의 입장에서 정말 필요로 하는 것이 무엇인가에 대한 고민이 반드시 필요하다. 이러한 측면에서 특히 영유아 건강불평등은 국제보건사업의 방향설정에 중요한 고려요소가 될 수 있다.

4. 국제보건 측면에서의 건강불평등

▌영유아 건강불평등

새천년개발목표 기간 동안 전 세계 5세 미만 아동 사망률은 1990년 기준 출생아 1천 명 당 93.2명에서 2015년 41.9명으로 크게 감소했다.[94] 사망률을 50% 이상 감소시킨 엄청난 성과에도 불구하고, 저소득층 인구에서는 5세 미만 아동 사망률이 크게 개선되지 않았다. 다양한 조사들에 따르면 저소득층 가정의 5세 미만 아동 사망률은 부유층 가정보다 2배 이상 높은 것으로 나타났으며, 이 외에도 모자보건, 영양 결핍, 위생 등의 보건문제가 모두 유사한 지역에서 집중적으로 발생한다는 결과를 보였다.

건강불평등은 한 국가 내 사회경제적 차이로 인해 발생하기도 하지만, 다른 국가 간 사회경제적 격차로 인해 발생하기도 한다. 한 예로, 세계 평균 기대수명은 1990년 64세에서 2013년에 71세로 늘어났고, 이를 통해 국제 사회의 전반적 보건 수준이 향상된 것을 짐작할 수 있다. 하지만 이 안에도 건강불평등은 존재한다. 시에라리온의 기대수명이 1990년 38세에서 2013년 46세로 증가하는 동안 일본의 기대수명은 1990년 79세에서 2013년 84세로 증가하여, 양 국가 모두 기대수명이 증가했지만 두 국가 간의 격차는 여전히 2배 정도의 수준으로, 건강불평등이 개선되었다고 보기 어렵다.

그동안 개발도상국의 영유아보건 개선을 위해 많은 국제보건 사업이 수행되었지만, 아직까지도 매년 630만 명가량의 개발도상국 어린이들이 예방 가능한 질병으로 인해 사망하고 있다. 일반적으로 사하라 이남 아프리카의 아동들이 전 세계 평균보다 5세 이전에 사망할 확률이 15배 정도 더 높다. 2015년 아프가니스탄의 출생아 1천 명 당 사망률이 115명인 데 비하여, 같은 해에 모나코에서는 1.8명으로 약 100배 가량의 국가 간 차이가 벌어지고 있다.[95] 위 예들로 알 수 있듯이 영유아 보건을 나타내는 절대적 지표는 개선되었으나, 국가 내, 국가 간 복합적 요인들로 인한 건강불평등은 여전히 해소되지 않은 것을 알 수 있다.

▎ 건강불평등과 빈곤

빈곤은 개인 또는 인구 집단의 건강 상태에 영향을 줄 수 있는 사회적 결정 요인 중 하나로, 국제 사회 내 커다란 도전 과제 중 하나이다. 특히 빈곤은 다른 사회적 건강 결정 요인들에 비해 건강불평등에 미치는 영향력이 크게 나타난다. 일반적으로 빈곤에 의해 발생하는 건강불평등에 대해 대부분의 사회가 보상시스템을 갖추고 있다. 그러나 이러한 보상시스템의 대상이 된다는 것 자체가 사회적 빈곤 계층으로 공식적으로 규정되는 것이기 때문에, 이는 건강불평등을 겪는 대상자들에게 상대적 박탈감과 더욱 큰 상실감을 줄 수 있다. 선진국의 경우, 저소득국가를 경제적으로 지원할 수 있는 충분한 역량을 보유하고 있는 경우가 많지만 해당 역량을 타 국가에 지원하기 보다는 자국민의 건강 수준을 향상시키는데 더 많이 투자하고 있는 실정이다.[96]

빈곤은 개인의 건강에만 영향을 미치는 것이 아니라 집단의 건강 수준에도 영향을 미칠 수 있다. 보건 분야에서는 첨단기술과 물리적 기반 시설의 향상을 통해 집단의 건강 수준을 개선할 수 있는데, 이 역시 집단의 경제 수준과 관계가 있다.97) 한 예로, 개발도상국에서는 건강취약계층이 본인의 건강 수준 향상을 위해 할 수 있는 행위가 제한적이지만, 선진국에서는 보건의료 인프라가 훨씬 다양하기 때문에 건강 취약계층이 건강 수준을 개선할 수 있는 기회를 더 많이 가질 수 있어 집단의 건강 수준이 향상될 수 있다. 경제 수준이 주요한 건강 결정 요인인 것은 몇 가지 지표로도 알 수 있는데, 우선 개인별 GNP와 DALY(Disability Adjusted Life Year)가 그 예이다. DALY는 건강 수명 또는 건강 기대수명이라고 하며, 일반적인 수명과 달리 건강하게 살 것으로 기대되는 기간으로서의 수명을 의미한다. 한 마디로 정리하자 면 기대수명은 일찍 죽거나 건강하지 않아 줄어든 햇수이다. 개인별

〈그림 5〉 5세 이하 사망률과 GINI 지수의 상관관계98)

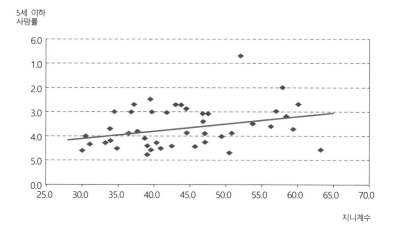

GNP와 DALY는 정확히 반비례 하는 현상을 보인다. 이를 근거로, 우리는 경제 수준이 개인의 건강 수준을 결정하는데 가장 중요한 요인으로 작용하고 있다는 것을 알 수 있다.

경제 수준이 주요한 건강 결정 요인인 것을 보여주는 또 다른 지표는 지니(GINI)계수이다. 지니계수는 소득 분배의 불공정성을 간접적으로 나타내는 지표로, 전체 소득 계층을 모아놓고 저소득층과 고소득층의 비율을 통해 소득불균등 정도를 계산할 때 쓰이는 계수다. 지니계수는 0에 가까울수록 균등하고, 1에 가까울수록 빈부격차가 심하다는 것을 의미한다. 특히 지니 계수는 집단의 소득분배를 보여 주기 때문에 건강불평등 문제를 파악하는데 가장 빈번히 활용되는 지표이다. 일반적으로 지니 계수는 서로 다른 국가 간 불평등 정도를 훨씬 높게 나타내는 것으로 알려져 있다. 지니 계수가 높을수록 5세 미만 아동 사망률이 증가하는데, 이는 건강불평등과 소득불평등이 직접적인 상관관계가 있다는 것을 보여주는 또 다른 예이다.

▌개발도상국 건강불평등 연구 동향

앞서 살펴본 것과 같이, 국제 사회에서 건강불평등의 문제가 대두되면서 관련 연구가 최근 50년 사이에 기하급수적으로 증가했다. 건강불평등에 대한 최초의 논문은 1966년에 출간되었으며, 2000년대 초반까지 매년 관련 논문이 발간되었다. 하지만 건강불평등 연구 분야 내에서도 불평등이 존재하고 있다. 실제 빈곤으로 인해 건강불평등이 발생하는 개발도상국들보다, 상대적으로 빈곤문제가 적은 선진국에서 개발도상국의 건강불평등에 대한 연구가 훨씬 많이 이루어지고 있다. 1966년부터 2015년 사이에 미국에서 출간된 건강불평등 관련 논문이 16,495

편인데 비하여, 같은 기간 탄자니아에서 출간된 건강불평등 관련 논문
은 70편에 불과하다.[99] 즉 빈곤으로 인한 건강불평등을 직접 개선해야
하는 개발도상국들은 연구 재원 부족으로 인해 정작 필요한 연구를
충분히 수행하지 못하고 있는 실정이다. 건강불평등에 대한 문제 해결
이 직접적으로 필요한 개발도상국에서 건강불평등 문제 해결을 위한
연구가 적극적으로 진행되어야 건강불평등 감소를 위한 구체적인 노
력들이 뒷받침될 수 있을 것이다.

5. 건강불평등 감소를 위한 고려 사항

앞에서 다루었듯이, 건강불평등을 야기하는 요소는 매우 다양하다. 개인이나 집단의 건강 상태의 변화는 지리적 특성, 국가 시스템, 정치적 상태를 비롯해 매우 복합적인 요소들이 함께 작용하여 만들어진다. 그렇기 때문에 국제보건 사업 기획 및 수행 시 활동으로 인해 새로운 건강불평등을 야기하지 않기 위해서는 관련 요인들을 충분히 고려해야 한다. 아래 몇 가지 고려 사항과 그 예를 살펴보자.

▌거주 지역

도시화로 많은 사람들이 동일한 지역에서 동일한 환경에 거주함으로 인해서 동일한 건강 수준을 유지하는 경우가 발생하고 있다. 2014년 기준 세계 인구의 54%가 도시에 살고 있다. 1950년 도시 거주 인구 비율이 30%인 것에 반해 2050년에는 70%를 초과할 것으로 예상하고 있다. 도시화비율이 가장 높은 북미지역의 도시 거주 인구 비율은 82%이고, 도시화비율이 가장 낮은 아프리카의 도시 거주 인구 비율은 40% 수준이다. 도시화는 농촌 인구의 대규모 이전, 도시 지역의 보건의료 시설 증가 등 도시 인구의 건강에 많은 영향을 미치고 있다. 도시화를 통해 상대적으로 많은 수의 주민들이 좁은 공간에 밀집되어

생활하게 되면서 유사한 건강 수준을 유지하게 되고, 환경문제로 인해 동일한 질병에 노출되기도 하며, 도시의 보건의료시설 이용 편의성으로 건강검진 등의 기회가 증가하기도 한다.

또한 최근에는 출생 국가가 아닌 곳에서 생활하는 사람들이 증가함에 따라 성인이 되기 이전에 이민한 사람들에 대해서는 출생 국가가 초기 건강 수준의 환경이 아닐 수 있다. 2013년 기준 세계 인구 중 7억 명 가량이 본래 출생 국가를 떠나 타 국가에 거주하는 것으로 알려져 있다. 이민자의 대다수는 더 나은 곳을 찾아, 경제적 및 사회적 기회 확보를 위해 이주하게 된다. 개인 건강 수준을 바꿀 수 있는 이러한 이주로 인하여 국가 간의 건강 수준 격차는 최근 수십 년 간 더욱 심화되었고, 앞으로도 경제, 지정학적 변화, 전쟁, 생태계 변화, 자연재해 등으로 국가 간의 격차는 더욱 커질 것으로 예상된다. 이와 같이 같은 민족 간에도 거주지를 이동함에 따라 건강불평등이 발생할 수 있다. 대개 이주의 경우, 이주한 국가의 정책 변화에 따라 이주민들의 거처에 변화가 발생하며, 이주민들 간에도 다양한 요인들에 의한 건강불평등이 발생할 수 있다.

건강불평등은 개인의 건강 습관과 상관없이, 국가 간 존재하는 기대수명 등의 건강차이로 인하여 궁극적으로 출생지에서부터 시작되는 경우가 많이 있다. 2015년 스와질란드에서 태어난 아기의 기대수명이 49세일 때, 홍콩에서 같은 해에 태어난 아기의 기대수명은 84세로, 이미 태어날 때부터 약 2배가량의 기대수명 격차가 발생하게 되는데, 이는 개인의 건강 습관과 무관하게 기본적인 건강 수준이 출생국가로 인하여 결정된다는 뜻이 될 수 있다. 이는 국가 간 격차가 한 국가 내에서의 보건의료기관의 분포 같은 사회적 환경보다 더 중요한 건강불평등 요소라는 것을 보여주는 예로, 사람들은 이러한 건강불평등을

극복하기 위해 타 국가로 거주지를 이동하기도 한다.[100]

▎국가 및 사회적 요인

건강불평등의 사회적 요인 중의 한 가지는 불균등한 식량배분이다. 전 세계적으로 약 8억 명의 사람들이 만성적인 기아 문제를 겪고 있으며, 개발도상국 어린이 6명 중 1명은 만성 영양실조를 앓고 있고, 5세 미만 아동 사망자 3명 중 1명 이상이 영양실조로 사망한다. 그렇다면 기아 발생의 원인이 식량의 부족일까? 현재 추정되는 세계 보유 식량은 전체 세계 인구의 120%를 먹여 살릴 수 있다. 따라서 기아 또는 영양실조가 발생하는 원인은 사실상 식량 공급의 문제이기보다 식량 배분의 문제라고 할 수 있다. 이와 같이 식량 배분의 문제 또한 국가 또는 인구 집단, 개인의 건강불평등에 영향을 미친다.

의료서비스의 접근성에 따라서도 건강불평등이 발생한다. 오늘날 감염은 아동뿐만 아니라 성인의 주요 사망 원인이다. 세계적으로 사망 원인 상위 10개 중 3개가 감염성 질환이며, 감염병으로 인한 사망은 매년 전체 사망자의 16%를 차지한다. 감염성 질환으로 인한 사망의 대부분은 개발도상국에서 발생하고 있으며, 설사, 호흡기 감염, 결핵, HIV, 말라리아 등 대부분 예방과 치료가 가능한 질환이다. 감염성 질환으로 인한 사망은 일반적으로 의료서비스의 접근성의 문제가 큰 요인이다. 따라서 치료가 가능한 질환이라고 할지라도, 해당 지역 주민들의 의료서비스에 대한 접근성은 건강불평등을 초래하는 요인이 될 수 있다.

6. 국제보건 사업을 통한 건강불평등의 조정

만인이 평등한 세상을 건설하는 것은 오래전부터 모든 인류의 열망이었다. 불평등을 줄이고자 하는 노력은 인류가 존재하고 번영하기 위해 앞으로도 계속될 것이다. 건강불평등은 자본주의 사회의 불평등의 한 단면을 나타낸다. 기본적으로 우리가 살아가는 자본주의 사회는 누구에게나 균등한 자본이 주어지는 것이 아니기 때문에 개인적, 사회적 요인에 따라 격차가 발생하고 이에 따라 자원의 분배도 달라진다. 건강불평등은 사회경제 수준 격차에 의해 발생하는 문제 중 한 측면일 것이다.

자본주의 사회에서 이러한 불평등은 개인의 노력으로도 일부 해소가 가능하지만 ,사회적인 불평등이 발생하게 될 때에는 국가 또는 지역 정부의 개입이 필요하다. 그러나 국가나 정부가 건강불평등을 해소하기 위해서 정책을 수립하고 시행한다고 하더라도, 건강불평등을 사회경제적 문제와 별개의 문제로 취급하고 접근하게 되면 이를 초래하는 복합적 요인들이 해결되지 않아 본질적인 문제는 그대로 산재하게 되는 경우가 많다. 국제사회에서의 건강불평등은 국가 간 문제로 발생하게 된다. 이러한 경우에도 건강불평등을 해소하기 위한 다양한 형태의 국제보건 사업이 시행되게 되며, 건강이나 보건문제 뿐만 아니라 정치, 외교적인 측면도 함께 개입된다.

건강불평등을 해소하기 위해 국제보건 사업을 수행할 때 고려해야
할 측면이 크게 두 가지가 있다. 건강불평등은 다양한 원인으로 발생
하지만, 크게 보건의료적 측면의 차이로 인해 발생하는 건강불평등과
사회문화적 차이로 발생하는 건강불평등이 있다. 보건의료적 측면에
서 발생하는 건강불평등은 국제보건 사업을 통해 기술적인 지원으로
어느 정도 개입이 가능하지만, 개념적, 정치적 차이로 발생하는 건강불
평등은 의료적 측면에 국한된 보건사업만으로는 해결하기가 어렵다.
아프리카 지역에서의 여성 할례나, 북한의 폐쇄정치 등으로 발생하는
건강불평등에 대해서는 다양한 사회문화적 차이, 도덕적 차이, 정치적
차이를 고려해서 접근해야 한다. 이런 측면에서 보면 건강불평등은
사회적 불평등과 밀접하게 연결되어 있다고 할 수 있고, 다르게 보면
사회적 불평등으로 인해 발생하는 건강불평등은 직접적으로 보건 수
준이나 건강 수준에 대한 개입과는 다른 측면에서 접근해야 한다고
볼 수도 있다.

　　건강불평등의 요소 중 하나인 거버넌스 측면에서 보면, 건강의 사회
적 결정 요인에 대해서는 국가적 조정이 필요하다. 즉, 생활습관이나
식생활 같이 개인이 조정할 수 있는 건강 요인과는 다르게 건강의
사회적 결정 요인에 대해서는 국가 수준에서의 개입이 필요하다는
뜻이다. 국가 내에서 건강불평등을 해소하기 위한 노력은 다양하다.
유럽 국가들은 "모두를 위한 건강(Health for All)"이라는 개념으로 국민의
건강불평등을 해소하기 위해 보건의료 분야뿐만 아니라, 노동, 토지,
주택, 안전, 교육, 교통, 사회보장 등 관련된 모든 분야에서 통합적인
정책을 개발하여 운영하기도 한다. 이러한 정책 운영을 위해 해당
국가들은 보건정보 시스템을 통한 분석과 통합적인 보건시스템 개발
을 위한 노력을 기울이기도 하지만, 대부분 소수 그룹인 취약계층의

보건의료 서비스를 지원하는 것으로 시작하는 경우가 많다. 하지만 이러한 정책들은 실제 건강불평등이 국가적 문제로 발생하고 있는 개발도상국에서는 적용하기 어렵다. 개발도상국에서는 건강불평등으로 피해를 보는 국민이 소수 취약계층이 아닌 다수의 국민들인 경우가 많아 특정 계층만을 위한 정책을 별도로 운영하기는 어려운 상황이다. 따라서 국제보건 사업의 목표 중의 하나인 건강불평등을 해결하기 위해서는 보건의료적 접근뿐만 아니라, 사회경제적 측면과 정치 도덕적 측면 등 모든 측면을 함께 고려해야 한다.

4

한국 국제보건의 현황

정애숙, 이세영

과거 국제원조의 주요 수혜국가였던 한국은 이제 국제보건 활동을 수행하는 실천 주체로서 국제사회 문제해결에 기여하고 있다. 이 장에서는 19세기 말 의료선교사의 활동으로부터 한국전쟁 이후 붕괴된 기반시설 복구를 위한 대규모 국제원조 수혜, 국제기구의 가입에 이어 오늘날 공공부문과 민간부문으로까지 다양해진 국제보건 공여자로서의 활동에 이르기까지 한국사회에서의 국제보건의 역사적 흐름을 조명해보고자 한다. 또한 한국은 세계에서 유례가 없는 국제원조 수원국가에서 공여국가로 전환된 국가로서의 독특한 경험을 바탕으로 정부와 시민사회, 영리조직, 학계 등이 국제보건의 주요 수행주체로 참여하고 있다. 여기에서는 한국 국제보건 활동 주체인 한국국제협력단(KOICA), 대외경제협력기금(EDCF), 한국국제보건의료재단(KOFIH)을 중심으로 한 공공부문과 시민사회단체, 영리조직, 학계의 국제보건 활동 특성과 활동내용에 대해 살펴보기로 한다.

1. 한국 국제보건의 역사

▌19세기 말 의료선교사에 의한 근대의료기관 설립

한국 국제보건의 역사는 19세기 말 조선을 찾은 외국인 의료선교사들이 근대 서양식 병원을 설립해 의료서비스 제공과 의료 인력을 양성하는 데서부터 시작된다. 대표적인 예는 미국인 선교사 호러스 알렌이 조선의 제26대 임금인 고종에게 건의하여 최초의 근대 의료 기관인 광혜원을 세운 것이다. 알렌은 1884년에 갑신정변이 일어났을 때 부상을 당한 민영익을 치료해 고종의 신임을 얻은 후, 왕실의 의사이자 고종의 정치 고문으로 활동했다. 1885년에는 고종에게 근대식 병원을 세울 것을 제안했고, 이에 고종은 조선의 서민 치료 기관이었던 혜민서와 활인서를 없애는 대신 광혜원을 세웠다. '광혜'란 널리 은혜를 베푼다는 뜻이다. 광혜원은 문을 연 지 13일 만에 대중을 구제한다는 뜻으로 '제중원'으로 이름을 바꾸었다.[101] 제중원은 근대식 병원이자 의료 교육 기관으로 1886년 3월에 16명의 학생을 뽑아 가르치기 시작했고, 알렌은 제중원의 의사이자 교수로 활동했다. 1904년에 미국의 사업가 세브란스의 기부금으로 새롭게 병원을 만들면서 제중원은 세브란스 병원으로 이름이 바뀌었다. 광복 후에는 세브란스 의과 대학이 되었다가, 연희대학교와 통합되면서 연세대학교 의과대학 부속병원이 되었다.

제중원의 역사에 대한 다른 주장도 있다. 알렌이 고종에게 근대식 병원의 설립을 건의하기 전, 이미 고종과 조선 정부는 의료 근대화를 추진하며 서양식 국립병원 설립을 준비하고 있었다. 이는 제중원이 조선 정부와 미국 의료선교사들의 이중 협력 구조로 설립되었다는 설명과는 달리, 고종과 정부가 부지, 건물, 행정인력, 예산 일체를 마련하여 설립한 국립병원이라는 것이다. 즉 1894년 조선 정부는 동학농민전쟁, 청일전쟁, 갑오개혁 등을 겪으며 일본에게 제중원을 빼앗길 것이 우려되어 미국북장로회 선교부(에비슨)에게 제중원 운영을 위탁하였고 1904년 다시 환수했다는 것이다.

다시 정리하면, 제중원의 시초는 미국인 선교사가 설립과 운영을 도맡아 한 미국식 병원이라는 주장과, 그 설립과 소유가 조선 정부에 있는 국립병원이라는 주장으로 나눌 수 있다. 하지만 설립에 대한 엇갈린 주장과 상관없이 가난한 환자들을 무료로 치료하고 청년들에게 서양의학을 가르쳐 유능한 의료인으로 양성하고자 했던 고종과 정부의 제중원에 대한 사명은 동일하게 적용되며, 이는 한국 국제보건 역사의 시작이라고 할 수 있다.

▌한국전쟁 이후 대규모 공적개발원조 수혜

한국은 해방 직후인 1945년부터 1999년까지 약 127억 달러에 달하는 국제 원조를 받았다. 수원국으로서 원조의 시작은 1945년부터 1948년까지 3년 동안 과도기적으로 남한 지역에 대한 통치권을 위임받은 미군정청이 내정을 직접 관할하면서 시작되었다. 미군정기의 최대 관심영역은 보건의료부문이었고 미군정법 1호는 보건의료에 관한 것으로, 정무국 위생과를 폐지하고 위생국을 설치하였으며 보건후생부를 승격시켜 한국 보건의료 발전의 토대를 이루었다. 당시 DDT, 페니실린, 설파제 등 각종 의약품이 도입되어 급성감염병에 의한 사망률이 현저하게 줄어들었고,[102] 보건소를 설립하여 치료위주의 보건정책에서 예방보건사업 위주로 정책 방향을 전환했다. 이를 위해 서울에 설립된 시범보건소를 1948년 국립중앙보건소로 승격했고, 전국에 11개의 보건소를 설립해 보건요원의 훈련을 담당하였다.

한편 1950년 6월에 발발한 한국전쟁으로 한국의 보건의료 자원과 사회기간 시설이 처참하게 파괴되었고, 전쟁고아와 이재민이 넘쳐났으며 장티푸스가 창궐했다. 전후 복구는 미국에 의존하여 진행되었으며, 대규모 구호사업과 복구 작업이 이루어졌다. 전국적으로 국민의 재산과 인명피해가 극심했지만 의료시설이 부족하였기에 각지의 개원의를 통해 520개소의 보건진료소를 설립하였고, 미국의 원조로 한국민사원조처Korea Civil Assistance Command가 보건진료소의 운영에 소용되는 구호약품과 위생재료를 공급하였지만 전문인력과 시설, 예산부족으로 효과를 거두지는 못했다. 당시 국제연합한국재건단은 보건지소를 보건소로 격상하고 중앙보건소에서는 순회지도반을 조직하여 출장지도 할 것을 권고하기도 했다.[103]

그 후 원조 국가가 점차 다양해졌는데 여러 국가가 참여한 공적개발원조(ODA)의 대표적인 사례로 1958년 스칸디나비아 3개 국가인 덴마크, 노르웨이, 스웨덴이 설립한 국립의료원이 있다. 국립의료원은 한국전쟁 후 부상병을 비롯한 환자 진료 및 의료요원의 교육과 훈련을 목적으로 설립되었다. 1956년 3월 정부와 국제연합한국재건단UNKRA, 그리고 덴마크·노르웨이·스웨덴 등 스칸디나비아 3국 대표자 간에 '중앙의료원의 설립과 운영에 관한 협정'이 체결되어 소요재원을 공동 투자하고, 1958년 11월 우리 정부와 스칸디나비아 3국의 공동운영체제로 개원하여 진료를 시작하였다. 이 병원은 개원 당시 동양에서 가장 훌륭한 장비와 현대식 설비를 갖춘 병원으로서 서구의 선진기술과 문화를 도입하여 한국 의학 및 문화 발전에 커다란 교량적 역할을 수행하였다. 1968년 10월에 한국정부는 국립의료원의 모든 운영권을 인수하여 직접 운영을 시작하였으며, 1980년 8월부터 1983년까지 약 3년에 걸친 대규모의 병원 증·개축공사 착공으로 6백 개 병상의 현대식 시설과 장비를 갖추게 되었다. 외국 의료 인력이 철수하면서 진료할 인력의 수와 역량의 부족으로 인해 운영에 어려움을 겪기도 했지만, 외국의 원조가 종결된 뒤에 정부가 이를 인수하여 계속 확장, 발전시켜 각종 국제개발협력 사업에 좋은 영향을 끼쳤고, 병원 운영의 경험을 축적하여 병원 발전에 크게 기여하였다. 2009년 4월 국립중앙의료원의 설립 및 운영에 관한 법률이 제정, 공포된 후 2010년 4월 국립의료원이 국립중앙의료원으로 명칭을 변경하여 새롭게 출범하였다.[104]

그밖에 1969년에는 가족계획사업을 본격화하기 위해 스웨덴의 원조를 받아 가족계획연구소가 출범하였다. 가족계획사업은 1961년 경제개발계획을 수립하는 과정에서 급격한 인구증가가 경제사회발전에 저해된다는 인식에서 시작되었다. 당시 한국은 한국전쟁의 휴전과 더불어 사회적 불안정과 북한동포의 월남 및 출산 붐으로 인하여 인구증가율이 2.9%(1962년)에 달하여 출산율 조절이 필요한 상황이었다. 그간의 가족계획사업이 1958년 미국국제개발처USAID의 원조를 시작으로 '지역(농촌)사회개발계획'의 일환으로 부처의 행정조직을 통해 전국적으로 확대 시행해 오던 것을 1968년 스웨덴 정부와의 가족계획 분야 기술협력에 관한 기본협정 체결을 계기로 국립가족계획연구소로 전환하여 인구 및 가족계획에 관한 조사연구 및 사업효과 측정, 일선 가족계획 요원의 전문적 훈련 사업을 담당하도록 하였다.[105]

1971년도에 스웨덴, 미국, 유엔식량기구, 국제가족연맹 등의 원조로 설립된 가족계획연구원은 기존 가족계획연구소의 기능을 정책수립 영역까지 확대한 특수법인체로, 가족계획과 인구성장에 관한 조사연구, 평가, 분석을 통한 정부의 가족계획 정책수립, 요원의 훈련 및 국내외 관련 단체와의 교류 협조 등의 기능을 담당하였다.[106)107)] 한국보건개발연구원은 1976년에 한국과 미국 간의 협약에 의해 한국의 보건제도 개발과 관련 연구, 분석 등 국가보건기획과 보건정책 수립에 기여할 목적으로 특수법인으로 설립되었다.[108)] 이 2개 기관은 1981년 7월 법률 제3417호에 의하여 통합되어 한국인구보건연구원으로 발족하였으며, 1986년 12월 보건사회부 사회보장심의위원회의 조사 연구 기능을 흡수, 1990년 1월 한국보건사회연구원으로 개칭되었다. 한국 보건사회연구원은 오늘날 국민의 보건의료, 사회보장, 사회복지에 관한 정책 연구를 수행하는 경제사회연구회 소속 정부 출연 연구기관으로 자리매김하고 있다.

한편으로 한국의 보건정책을 이끌어갈 전문가를 양성하기 위해 미국 국무부와 국제개발처는 한국전쟁이 끝난 후 한국 원조계획의 일환으로 미네소타 주립대학교에 서울대학교 교수진을 보내 의학, 공업, 농업 등 선진학문 및 기술을 전수시키는 미네소타 프로젝트를 계획하였다. 이 프로젝트는 1955년부터 7년에 걸쳐 서울대학교 교수진들에게 장단기 초청연수의 기회를 제공하였고, 의학 분야에서는 77명이 연수를 수료했다. 또한 미네소타 주립대학교는 자문관 60여명을 국내에 파견하여 서울대학교 의대, 농대, 공대의 교육체계를 정비하고 발전시키는 방안을 지원했다. 서울대학교 의과대학은 이 프로젝트를 통해 병원 내 현대적 의료시스템을 대거 도입하여 비약적인 발전의 토대를 구축하였다. 또한 이 프로젝트를 수료한 서울대학교 의대 교수진은 의대, 병원, 학회 등 다양한 분야에서 활동하며 선진의학을 전파하는 주축이 되었다.

▌국제기구 가입과 원조 수혜

한국의 국제보건 역사에서 빼놓을 수 없는 것이 세계보건기구의 회원국이 된 것이다. 세계보건기구는 19세기 이후 서구 열강들이 제3세계로 본격적으로 진출함에 따라 전염성 질병이 국제적인 문제로 부상하면서, 그 대응책을 마련하는 과정에서 출범하게 되었다. 가입 당시 해방 직후였던 한국 국내의 보건위생 환경은 매우 열악했다. 당시 남한에서는 1946년 5월에 유행한 콜레라를 비롯해 말라리아 등 전염병이 창궐하였고, 의료진의 수는 크게 부족한 상황이었다. 이러한 상황에서 정치적으로 국제외교의 중요성을 인식하고 국제기구와의 협력을 적극적으로 추진한 결과, 1949년 8월 17일 세계보건기구의 65번째 회원국으로 정식 가입하여 세계보건기구 산하의 서태평양 지역에 속하게 되었다.

이후 한국전쟁이 한창이던 당시 열악한 보건상황에서 이승만 정부는 세계보건기구의 지원을 받기 위해 1951년 9월 마닐라에서 개최된 서태평양 지역회의에 '한국의 보건상황(Public Health in Korea)'이라는 보고서를 제출하였다. 이승만 정부와 세계보건기구는 보건행정 구축을 위한 자문, 보건인력 양성 후원 프로그램운영, 전염병 예방 사업, 결핵퇴치 사업, 한센병 예방 및 치료 사업, 말라리아 박멸 사업, 기생충 예방 사업, 보건진료소 활성화 사업, 모자보건 사업 등을 진행하였다. 그 과정에서 체계적인 보건행정을 위한 장기계획 수립과 전문가 양성이 가능했으며 각 질병에 대해 구체적인 사업에 착수할 수 있었다.[109]

세계보건기구는 매년 각 회원국 별 질병상황을 통계로 작성하고 분석했는데, 이를 토대로 당시 급성 전염병 관리를 담당하던 국립방역연구소(현 국립보건연구원)에 예산을 지원하여 연구 인력의 역량강화를 위한 노력을 기울였고, 이는 현재 질병관리본부가 그 기능을 이어받아 국내외 질병통제와 예방을 위한 큰 역할을 담당하고 있다. 또한 세계보건기구는 1950년과 1960년 사이 보건행정 및 의학 교육 분야의 약 60명의 연구진을 대상으로 펠로우쉽 프로그램을 제공하여 국제적인 기준에서 체계적인 보건인력을 양성할 수 있는 기반을 구축하는 계기를 마련해 주었다.

▌국제보건 원조 수혜국에서 공여국으로 전환

한국의 경제가 발전하고 국민들의 생활수준이 향상되면서 대한민국은 1995년 3월 세계은행 차관 졸업으로 양허성 차관 대상국에서 제외되었으며, 2000년에는 OECD 수원국 명단에서 제외된 데에 이어 2010년에는 개발원조위원회DAC에 24번째 회원국으로 가입하면서 개발도상국가를 지원하는 공여국으로서 지위가 전환됨에 따라 해외의 보건의료 소외지역을 대상으로 지원을 수행하기 시작했다.

그런데 수원국 명단에서 제외되기 전부터 이미 한국은 국제보건의 주요 수원 대상 국가이면서 동시에 국제보건의 공여자로서 역할을 수행한 역사를 가지고 있다. 1960~70년대 북한이 제3세계에 의료진을 파견하는 것에 대한 대응으로 대한민국은 1968년도에 개발도상국가에 의료단을 파견하는 정부파견의사 제도를 도입했다. 1967년을 시작으로 40여 년간 아프리카, 아시아, 남아메리카, 태평양 군도 등 다양한 지역에 의사를 파견하다가 2008년에 이르러 효과 대비 비용이 과다하

다는 이유로 군 대체요원인 국제협력의사로 대체하면서 이 프로젝트는 종료된 바 있다.110)

1980년대 후반에서 1990년 초반까지는 정부 차원에서의 공식적인 국제개발협력이 제도적으로 본격화되던 시기였다. 공식적인 정부의 유상원조 전담기관인 대외경제협력기금EDCF이 1987년 당시 재무부의 출연으로 설립되었으며, 이어 4년 뒤인 1991년에는 무상원조 전담기관으로 외무부 산하 한국국제협력단KOICA이 설립되었다. 한국국제협력단은 설립 첫 해부터 보건 부문 지원을 시작하였는데, 최초의 보건의료 분야 프로젝트형 사업은 '제1차 한-페 의료센터 건립 사업(1992~1993)'이었다. 대외경제협력기금은 이듬해인 '1992년 몽골 주사기공장 건설사업'을 시작으로 보건부문 차관을 시작하였다.

2000년대에는 개발협력 의제의 확산 및 심화에 따라 보건 분야 국제개발협력도 한층 세분화되었다. 2006년에는 보건복지부 산하 재단법인으로 한국국제보건의료재단KOFIH이 설립되었다. 2007년에는 한국에서 출발하는 국제선 항공권을 구매하는 내·외국인들을 대상으로 항공권 1매당 1,000원의 기여금을 부과하여 아프리카 지역 빈곤국의 질병퇴치를 위한 국제보건기구 및 국내 NGO 활동을 지원하는 목적의 국제질병퇴치기금을 조성해 활용하기 시작했다. 전체 ODA 중 보건분야가차지하는 비중은 대외경제협력기금의 총 예산 중 14.9%(2015년 기준), 한국국제협력단 총 예산의 16.7%(2014년 기준)에 달한다.111)

▌국제보건 활동 주체의 다양화

민간부문에서는 국제보건의료 원조의 한 축으로 국제보건 NGO가 설립되어 활동을 시작하였다. 1988년 서울올림픽과 경제성장의 영향으로 1989년도부터 시작된 국외여행 자유화에 힘입어 해외선교가 활발해지자 한국에서 최초로 토종 국제활동 NGO인 '기아대책'이 설립되어 1990년도부터 종교활동을 통한 모금활동과 해외선교 및 구호활동을 시작하였다. 보건 분야 NGO로는 1997년 글로벌케어, 2005년 비전케어, 2008년 아프리카미래재단, 2009년 메디피스가 설립되었다. 당시 설립된 대부분의 국제활동 NGO들은 기독교 선교단체였고 파견된 선교사의 선교활동 지원이 필요했던 것도 많은 국제활동 NGO들이 등장하게 된 계기가 되었다. 국제활동이 늘어나면서 자연스럽게 국민들은 해외의 어려운 이웃을 돕는데 동참하게 되었고, 특히 선교단체들의 채러티(charity)에 기반한 해외아동 결연사업이 급속도로 성장하였다. 현재까지도 보건 분야 NGO들도 대부분 종교를 기반으로 세계 각지에서 국제보건의료 전문 단체로 활동을 하고 있다.

학계에서는 정부나 비정부기구 차원에서 국제보건활동이 활발해지기 이전부터 서울대학교를 중심으로 국제보건에 기여해 왔다. 1959년 설립된 서울대학교 보건대학원은 세계보건기구와 밀접한 협력관계를 구축하여 교수들의 교내활동 뿐 아니라 국외의 다양한 학술활동 참여 기회를 마련하였다. 국제보건 관련 교육 과정으로는 1996년에 고신대학교를 시작으로 1997년 연세대학교 보건대학원에 국제보건학과가 개설되었으며, 2004년도부터는 연세대학교 원주캠퍼스의 학부 보건행정학과 및 대학원 보건행정학과에 국제보건학 관련 교과목이 개설되었다. 최근에는 고려대학교 보건대학원, 대구한의대학교, 영산대학교 등에서도 강의가 이루어지고 있으며, 여러 간호대학에서도 국제보건학 또는 국제간호학 교육이 이루어지고 있다.

그 밖에도 대학은 국제협력단의 양자간 사업의 실행 기관으로 참여하거나 대외경제협력기금의 조사사업에 참여하는 한편, 개인 연구자

차원에서 세계보건기구 등 국제기구와 공동연구에 참여하여 국제사회
보건문제 해결을 위해 노력한다.

2. 한국 국제보건의 수행주체별 특성

국제보건 활동 수행주체는 정부와 정부출연기관 및 산하기관, 지방자치단체를 중심으로 하는 공공부문, NGO와 복지단체 등의 시민단체가 중심이 되는 시민사회 부문, 영리추구를 목적으로 설립된 기업이 중심이 되는 기업부문, 마지막으로는 지식발전 및 학술연구를 위해 대학 등 연구기관 및 학회를 중심으로 하는 학계로 구분된다. 각 부문은 국제보건 활동 수행의 양상뿐만 아니라 그 맥락, 즉 국제보건 활동 참여의 동기와 근거에 있어서도 각기 고유한 차이를 보인다.

▌공공부문의 국제보건 활동

한국은 한국전쟁 전후 국제사회 원조의 주요 수혜대상국이었지만 원조를 기반으로 경제성장을 이룩한 모범적인 빈곤퇴치국가로서 성공적인 경험을 가지고 있으며, 이러한 경험을 국제사회와 공유하고, 어려웠던 시절 받았던 국제사회 원조에 보답하고자 하는 '보답론' 또는 호혜성의 동기를 가지고 있었다.[112] 이를 실천하기 위해 앞서 언급하였듯이 1987년도에 개발도상국에 양자간 양허성 공공차관 공여를 위한 대외경제협력기금을 재무부 산하에 설립하였다. 이어서 개발도상국가에 지원하는 무상원조, 기술협력 창구를 일원화하여 원조 효율성을

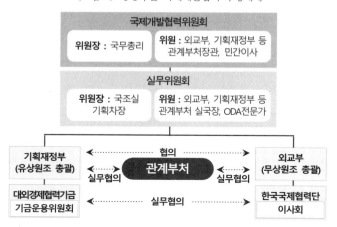

〈그림 6〉 공공부문 국제개발협력 수행체계

국제개발협력위원회

위원장 : 국무총리

위원 : 외교부, 기획재정부 등 관계부처장관, 민간이사

실무위원회

위원장 : 국조실 기획차장

위원 : 외교부, 기획재정부 등 관계부처 실국장, ODA전문가

기획재정부 (유상원조 총괄)

대외경제협력기금 기금운용위원회

협의
실무협의

관계부처

실무협의

외교부 (무상원조 총괄)

한국국제협력단 이사회

높이고자 1991년 외교부 산하에 한국국제협력단을 설립함으로써 현행 원조 프로그램과 행정체제를 완비하고 본격적인 국제개발협력 활동을 준비한다. 2009년 11월 25일에는 OECD 개발원조위원회[113]의 24번째 회원국으로 가입하였으며 가입 당시 2015년까지 국민총소득(GNI) 대비 공적개발원조의 비율을 0.25% 달성하는 것을 목표로 본격적으로 국제 개발협력 활동을 시작하였다. 국제개발협력 또는 공적개발원조(ODA) 의 틀 내에서 보건 분야는 중점 분야 중 하나로 다루어지고 있다.

한국의 국제개발협력 수행체계는 '국제개발협력기본법'에서 정하 고 있으며, 국제개발협력에 관한 주요사항을 심의·조정하는 최고 정책 기구는 국무총리 소속 국제개발협력위원회이다.

공공부문의 국제보건사업들은 대부분 대외총괄부서에서 수립한 국 가 간 협력전략에 기반하여 수원국가의 요청에 따라 사업이 형성된다. 이 과정에서 필요에 따라 타당성 조사나 심층기획조사와 같은 단계를 거치기도 하며, 사업과정에서 국가 간 RD(Record of Discussion, 협의의사록)를 체결하고 이에 근거하여 수원국 정부와 함께 사업을 추진하게 된다. 한국국제협력단이 다양한 분야의 공적개발원조 사업을 담당하는 역할을 한다면 개도국 및 북한 보건의료분야에 대해 전문적이고 체계적인 지원과 제도화구축을 실현하는 전문적, 장기적 지원기관으로 한국국제보건의료재단KOFIH이 있다. 한국국제보건의료재단은 보건복지부 소관 특수법인체로서 국제협력증진과 인도주의 실현을 목적으로 개발도상국, 북한, 재외동포 및 외국인근로자 등에게 높은 전문성이 요구되는 보건의료 지원 사업을 수행해오고 있다.

그밖에도 기획재정부, 식품의약품안전처를 포함한 여러 부처 단위에서, 국민건강보험공단, 한국보건산업진흥원 등의 정부 산하기관 및 지방자치단체들도 개별적으로 예산을 확보하여 개발도상국가에 한국의 선진 지식과 경험을 전수하고 국가 간 우호관계 증진을 위한 다양한 협력활동을 추진하고 있다. 각 부처, 지방자치단체까지 공적개발원조 사업에 뛰어들면서 사업의 중복성이 문제가 되자 최근에는 예산총괄 부처인 기획재정부가 이러한 중복성 논란을 해소하고자 사업형성단계에서부터 유상과 무상, 민간부문, 국제기구 등과 사업을 연계해서 형성하도록 권고하고 있다. 현재 우즈베키스탄에서 추진하고 있는 '한-우 친선 아동병원건립사업(2018~2022)은 의료기관 건축부문은 대외경제협력기금이, 의료인력 역량강화사업은 한국국제협력단이, 병원운영역량강화 부분은 한국국제보건의료재단이 맡아서 추진하는 유·무상 연계의 대표적 사례이다.114)

한국국제협력단의 중점 지원 분야 중 보건 분야는 교육, 공공행정에 이어 세 번째로 지원 실적이 많다. 최근 5년간 전체 한국국제협력단 공적개발원조금액의 약 15%(약 4,600억원)를 아시아, 아프리카, 중남미, 중동, 중앙아시아 등의 개발도상국가의 감염병 및 만성질환 관리, 의료

시스템 개선, 모자보건 향상, 식수개선을 위해 집행하였다. 그밖에 주요 사업으로 개도국의 제도 및 기술역량강화를 위한 초청연수교육을 실시하는 글로벌연수사업, 국제기구 및 선진공여기관 간 협력사업, 인도적 지원 및 긴급구호사업, 해외봉사단 및 전문가 파견 사업이 있다.

한국국제협력단의 해외봉사단파견사업(WFK, World Friends Korea)은 개발도상국 현장에서 한국의 지식과 경험을 공유하고 개발도상국의 경제사회 발전에 기여하기 위한 목적으로 수행되는 사업이다. 보건 분야에서는 간호사, 물리치료사, 방사선사 등이 각지에 봉사단원으로 파견되어 활동을 한다. 또한 개발도상국가의 정부, 산하부처 기관에도 기술·정책 자문 등을 위해 한국 전문가를 파견하여 한국의 개발경험과 전문지식을 전수한다. 그 외에도 한국국제협력단은 국내에서 출발하는 모든 국제선 항공권에 1,000원씩 부과하여 마련된 재원으로 사하라 이남 아프리카의 감염병 예방과 퇴치, 모자보건사업을 지원하는 국제기구 질병퇴치 기금사업도 운영하고 있다. 해외를 방문하는 사람이라면 모두 아프리카 질병퇴치에 기여하고 있는 것이다.

대외협력기금의 차관지원 사업은 대부분 의료기관 건축, 의료기자재 및 의료장비 공급사업 등과 같은 대형 사업을 추진한다. 1996년부터 2016년까지 베트남, 라오스, 탄자니아 등 18개 국가 51개 사업에 지원된 차관은 1조 8천억 원에 달하며 이 중 78%가 의료기관 건축, 12.8%가 의료기자재 및 의료장비나 의료기기 공급에 사용되었다. 베트남은 보건 분야 차관이 가장 많았던 국가로, 1999년 백신생산공장 건설사업(347억 원)을 시작으로 하노이 약학대학 건립사업(2013년, 549억 원), 벤째성 종합병원 건립사업(2015년, 765억 원) 등 같은 기간 대외경제협력기금 보건 분야 전체 차관사업 건수의 37%, 사업비의 19.2%가 집중되었다.

국제보건의료재단은 남아메리카, 아프리카, 아시아 지역에서 모자보건 증진, 결핵관리 역량강화, 일차 보건의료체계 강화, 보편적 건강보장제도 컨설팅, 의료기기 관리운영체계 지원, 보건의료 인적 역량강화 등 보건의료분야 국제개발협력 사업을 수행한다. 또한 개발도상국가의 보건의료인력 부족으로 인한 보건의료시스템 구축의 어려움을 해결하기 위해 글로벌 보건의료인력 교육훈련 프로그램인 이종욱 펠로우십 프로그램 사업을 진행하고 있다. 북한 보건의료 지원 사업으로는 2015년에서 2017년까지 함경북도 나선지역에서 감염성질환관리 지원 사업을 했으며, 2018년도에는 북한 결핵 등 감염성질환 관리 역량제고를 통한 북한 주민 건강 증진사업을 추진하고 있다. 또한 재외동포 보건의료 지원 사업, 국내거주 외국인 근로자 보건의료 지원 사업, 해외재난 긴급구호 지원 사업 등을 하고 있다. 한국국제보건의료재단의 전체 사업비 규모는 최근 5년간(2013~2017) 약 690억으로 한국국제협력단이나 대외경제협력기금에 비해 작지만 매년 10% 이상씩 지속적으로 규모가 확대되고 있는 추세이다.

부처단위에서 기획재정부는 2004년도부터 지식공유사업(KSP: Knowledge Sharing Program)을 출범시키고 전 세계 70개 이상의 국가에 지식공유사업을 통해 전문가를 파견하여 개발도상국가의 정책 자문을 제공해오고 있다. 지식공유 사업의 대부분은 경제 관련 자문으로 구성되어 보건복지 분야 비중은 1% 정도에 불과하다. 국민건강보험공단은 2018년에 우즈베키스탄공화국의 건강보험제도 도입을 지원하기 위해 양해각서를 체결하고 기술지원을 약속한 바 있다. 식품의약품안전처는 아세안 국가들의 식품의약 공적개발원조 정책과 규제 조화를 위한 공무원 및 관리자 역량강화 연수 등을 추진해오고 있다.

▎시민사회의 국제보건 활동

공공의 이익을 목적으로 민간부문에서 활동하는 결사체를 아울러 비정부기구(NGO), 비영리단체(NPO), 시민사회단체(CSO), 사회복지단체, 공익단체 등으로 표현한다. 관련법에 따라 규정되는 방식도 다양해서 어느 한 가지 기준으로 그 규모와 숫자를 정확하게 파악하기는 어렵지만 국제개발협력의 중요한 한 축으로서 기관의 성격에 따라 인도주의적 지원 또는 선교의 형태로 국제보건 활동을 수행하고 있다. 우리나라에서 시민사회 영역의 국제 활동이 처음 시작된 것은 한국전쟁을 계기로 이루어졌다고 볼 수 있다.

1950년 한국전쟁 전후에 많은 해외 구호단체들이 한국에서 활동을 하였는데 그 중 월드비전은 기독교 정신을 바탕으로 당시 미국인 밥 피어스 목사가 전쟁고아들을 돕기 위한 목적으로 미국 오리건 주 포틀랜드에서 설립한 단체이다. 당시 한국에서 활동하던 단체들은 어느 정도 대한민국의 경제 수준이 향상된 이후에는 지원을 중단하고 철수했다가 1990년대~2000년대, 즉 대한민국이 해외 원조 공여국으로 탈바꿈한 시기에 다시 새롭게 한국 법인을 설립하고 국내 시민을 대상으로 모금을 진행했다.

전통적으로 기독교 계열 단체의 비중이 높은 한국의 특성 상 국제보건 부문에서 여전히 기독교 정신을 바탕으로 활동하는 복지단체나 구호단체가 많다. 또한 국제보건을 전문으로 하는 NGO보다 다양한 분야의 사업을 수행하는 이른바 백화점식 NGO들의 국제보건 활동의 규모가 크다. 국제보건 전문 NGO 중에서 대표적인 단체는 5개 단체 정도를 들 수 있다. 이 중 4개 단체는 기독교 정신에 입각한 활동을 전개하고 있다. '글로벌케어'는 전국의과대학의 기독교 동아리인 누

가회 출신의 13명의 의료팀이 르완다 내전으로 인해 발생한 난민들을 찾았다가 국경없는의사회의 활동에 깊은 인상을 받고 설립한 기관이다. 글로벌케어는 주로 재난대응 활동을 전개하다가 한국이 OECD 개발원조위원회에 가입하고 민관협력 사업이 확대되는 기회를 활용하여 국제개발협력 사업에 참여하고 있다. 대표적인 사업으로, 장기간 매일 복용해야 하는 결핵약의 복용관리와 지역 산모들의 산전관리, 시설분만 및 모자보건 현황 등을 실시간으로 파악하고 대응할 수 있도록 M-Health를 활용한 사업이 있다. '비전케어'는 2001년 9.11 테러를 계기로 세계 평화에 기여하기 위해 비전아이캠프(Vision Eye Camp)를 운영한 것이 계기가 되어 설립된 단체이다. 비전아이캠프는 의료 환경이 열악한 나라의 백내장 환자들에게 수술을 제공하는 사업이다. 비전케어는 점차 사업내용을 백내장 수술뿐만 아니라 현지 보건위생환경 개선과 의료기관 자립을 위한 안과역량 강화사업과 의료기술 교육 사업으로 확대하고 있다. '아프리카미래재단'은 아프리카 지역에 특화된 국제보건 사업을 수행하는 단체이다. 2007년 경 스와질랜드(현 에스와티니)에서 선교 활동을 하던 한 선교사가 너무 높은 HIV/AIDS 감염률에 놀라, 의과대학과 기독병원의 설립을 위해 한국 감리교에 도움을 요청하면서 출발하였다. 이후 말라위, 짐바브웨, 탄자니아 등 아프리카 여러 나라에서 모자보건을 중심으로 한 보건의료 사업과 아동 교육 사업을 실시하고 있다. 이 단체의 단체적인 사업은 말라위에서 실시한 HIV/AIDS 예방 사업, 모자 보건 사업, 지역사회 건강 센터 사업 등이다. '위드'는 영양개선 활동을 전문으로 하고, 국내 활동으로부터 출발했다는 특성을 가지고 있다. 국내의 젊은 식품영양 전문인들이 모여서 국내 결식아동들에게 도시락을 제공하는 활동이 그 시작이었으며, 이후 해외 구호활동과 북한 아동 영양실조 개선사업으로 확대하였다.

특히 오랫동안 진행해온 몽골에서의 학교 급식사업은 성공적인 사업 모델로 인정받고 있다. 한편 종교를 기반으로 하는 NGO들의 활동이 활발해진 가운데 2009년도에 한국 최초의 비정치, 비종교 국제보건 NGO인 '메디피스'가 설립되었다. 냉전이 종식되면서 동북아시아에서 일어난 두만강변 탈북주민, 조선족 국내초청 사기 피해자, 러시아 고려인 난민들에 대한 의료 지원활동을 2001년부터 실시한 것이 메디피스 설립의 계기가 되었다. 이후 메디피스는 보건의료 전문성을 강화하는 데 집중하며, 세계시민의 건강권을 지키는데 있어서 인도주의적 원칙을 관철하고, 이를 전지구적 시민연대를 통해 확장하고자 노력해왔다. 특히 취약한 사회적 형평성으로 인해 발생하는 취약계층의 건강 문제를 지역사회에 기반하고 지역공동체 강화에 기여하는 방법을 통해 접근하고 있다. 특히 메디피스는 산하 연구소를 설립하는 등 강화된 국제보건 전문성을 통해 한국국제협력단 등이 실행하는 ODA 사업의 기획, 실행, 평가 등 다양한 프로젝트를 담당할 정도로 경쟁력을 갖추고 있다.

2016년 말 기준 각 중앙행정기관 및 광역지방자치단체에 등록된 비영리 민간단체는 총 13,464개이다.[115] 그 중 해외에서 원조 및 지원 활동을 수행하는 단체에 대한 정확한 통계는 공식적으로 알려진 바는 없으나, 세계의 분쟁지역과 기근지역에서 인도적 지원 및 개발원조 사업을 하는 한국 개발 NGO의 협의체인 국제개발협력민간협의회KCOC 에 회원으로 가입되어 있는 단체들을 기준으로 했을 때 총 115개가 있다. 여기에 한국 대외 원조와 개발협력의 효과성 증진을 위해 설립된 국제개발협력시민사회포럼(KoFID) 회원 단체와 지구촌빈곤퇴치시민네트워크(GCAP) 회원 단체, 2014-2015 KCOC 민간단체 사업발굴 지원사업 신청단체 등을 포함할 경우 2015년 기준 총 267개의 단체가 활동하

고 있으며 국제협력에 참여하는 단체의 수는 점점 증가하고 있는 추세이다.116)

NGO, NPO, CSO 등을 포함한 민간단체가 2015년 한 해 동안 식수 및 위생개선, 인구정책 및 시책, 성생식보건 등 총 225개 사업을 수행하였는데 이는 한국의 전체 국제보건사업의 10.3%를 차지한다. 여기에 긴급구호 분야 126개 사업까지 포함할 경우 시민사회 민간단체가 수행하는 보건 및 제반 분야 사업의 비중은 약 22.6%에 이를 정도로 크다.117) 시민사회 민간단체 사업의 대표적 사례로 메디피스는 베트남에서 고엽제피해아동 재활치료 소외감소 및 삶의 질 개선 사업을 하고 있으며, 글로벌케어는 레바논에서 시리아난민 보건의료지원 사업을 수행하였다.

▌영리조직의 국제보건 활동

영리조직인 기업체가 참여하는 국제보건 활동은 크게 세 가지로 나누어 볼 수 있는데, 사회 공헌 활동, 공적개발원조(ODA)에서 공여국 정부와 수원국 정부 간의 합의에 따라 수행되는 양자간 유무상 지원 사업의 용역 수행, 그리고 보건의료 분야에 대한 연구개발을 들 수 있다.

기업의 사회적 책임(CSR)은 기업에게 국가나 사회의 구성원으로서 시민(citizen)과 같은 역할을 부여하는 기업시민주의(Corporate citizen) 개념을 바탕으로 기업이 경제공동체의 중요한 주체로서 책임과 의무를 다해야 한다는 관점에서 출발한다. 따라서 기업의 사회공헌활동은 기업의 장기적인 투자로써 혹은 기업 이미지 쇄신을 통한 마케팅 전략으로 중요시 되며 기업을 평가하는 중요한 척도 중의 하나로 인식된다.

한국의 영리조직들은 사업 수행 용역 기관으로서 공공 부문에서 수행하는 공적개발원조 프로젝트에 참여하기도 한다. 한국국제협력단 KOICA에서 수행하는 무상원조 사업, 대외경제협력기금EDCF에서 수행하는 양허성 차관인 유상 원조 및 한국국제보건의료재단KOFIH에서 수행하는 개발도상국, 북한, 재외동포 대상 보건의료 협력 및 지원 사업에 건설, 제조, 조사 및 평가 활동 등의 수행기관 공모 입찰에 참가하는 것이다. 제약회사나 의료기기 제조업체 등 보건의료 분야 관련 영리조직들은 해당 분야에 대한 연구 및 조사 활동을 통해 국제보건 활동에 참여하기도 한다.

기업의 사회적 책임 활동은 현금기부와 현물기부, 자원봉사 등의 형태로 이루어지는데, 현금기부가 가장 많고 현물기부가 그 뒤를 잇는다. 한국의 기업 중 2.4%만이 해외구호 등 국제활동 분야에 기부하지만 그 중에서 보건의료 분야 기부가 절반을 차지한다.[118] 한국 대기업의 글로벌 CSR 활동 사례는 LG전자에서 찾아볼 수 있다. LG전자는 2013년부터 에티오피아에 대기업 최초로 사회공헌 활동에 초점을 맞춘 해외법인을 설립하고 'LG-에티오피아 희망 커뮤니티 프로젝트'를 적극적으로 펼쳐오고 있는데 국제백신연구소와 함께 에티오피아에서 '콜레라 백신 접종 캠페인'을 전개한 바 있다.[119]

중소기업 수준에서 국제보건분야 공적개발원조 사업 진출사례로 '힐세리온'과 '엑소시스템즈'가 있다. 힐세리온은 2012년도에 설립된 의료기기 및 모바일장비 제조, 모바일 앱 개발·공급 등 기타 의료용 기기 제조업체로 2018년 한국국제협력단의 혁신적기술프로그램(Creative Technology Solution: CTS)의 일환으로 휴대용 무선 초음파 진단기를 활용한 베트남 일차보건 강화 사업을 진행 중이다. 사업 지역인 꽝찌성에서 현지 의사들을 대상으로 휴대용 무선 초음파 진단기를 활용한 현장진단용 초음파 진단교육을 실시했고, 이후 10개의 지역 보건소에 제품을 기증하여 큰 호응을 얻었다. 엑소시스템즈는 웨어러블 재활 로봇 솔루션 기업으로, 게임 프로그램을 활용하여 환자들이 가정에서도 쉽고 재미있게 재활 운동을 꾸준히 따라할 수 있도록 고안했다. 이 기업은 고엽제 후유증으로 인해 장애 인구 비율이 높은 베트남 중부지역 꽝찌성에서 현지조사를 하고 한국국제협력단 혁신적기술프로그램 공모 등을 통해 의료소외지역 재활치료 접근성 개선 효과를 노린다.

같은 조사에서 사회공헌 활동 추진 방식으로 '직접 사업'의 비중이 46.9%로 가장 높게 나타났으며, 뒤이어 '비영리공익모금재단 또는 법인'이 33.4%로 2위를 차지했다. 이로 미루어 보아 대부분의 경우 사회공헌 활동의 형태로 영리 조직이 국제보건에 참여하는 방식은 지원 대상에게 현금 또는 현물을 기부하거나 해외의료봉사 등에 참가하는 방식으로 이루어진다고 짐작할 수 있으며, 관련 활동을 수행하는 비영리조직을 통해 지원하는 경우도 적지 않음을 알 수 있다.

▌학계의 국제보건 활동

학계는 기본적으로 대학이나 연구소, 정부기관 및 민간단체 등 관련 전문가들을 중심으로 국제보건 학술활동, 사업수행, 사업평가를 통해서 국제보건 지식기반을 확충하는 역할을 한다. 대학의 국제보건사업 참여는 수행 주체에 따라 대학 내 산하 연구기관 또는 대학 자체, 교수 개인 활동으로 구분할 수 있다.[120] 활동 초기에는 교수의 개인적 관심이나 네트워크를 활용하는 차원이었으나, 최근에는 대학의 국제화 및 책무성 등 다양한 측면에서의 접근성을 가지고 국제개발협력활동이 확대되고 있다.

한국국제협력단은 아카데미협력프로그램(Academy Partnership Program;

APP)의 일환으로 성과관리 협력사업을 도입하여 연구역량 및 분야별 전문성을 가진 기관들이 민관협력사업의 성과관리에 참여하여 사업의 효과성을 제고하고, 대학교 내 국제개발협력 관련 교과목 개설 및 대내외 활동을 지원하는 대학교 국제개발협력 이해증진사업을 통해 대학들의 참여를 독려하고 있다. 또한, 일부 대학들은 한국국제협력단의 무상원조사업을 용역방식으로 수행하는 사업수행기관(Project Management Consulting: PMC)에 참여하여 국제보건사업을 직접 수행하기도 하며, 이외에도 사업의 형성조사, 종료 및 사후평가, 글로벌 연수 등에도 참여한다.

한국의 국제보건사업을 연구하고 수행하는 대표적 기관은 서울대학교 국제보건연구센터와 이종욱글로벌의학센터, 연세대학교 보건대학원, 인제대학교 보건대학원 및 국제보건연구소 등이 있다. 서울대학교 국제보건연구센터의 역할은 크게 연구활동과 교육활동, 기타활동으로 나눌 수 있다. 연구활동은 국제보건연구 최신동향 소개, 연구소모임 운영, 세미나, 포럼, 설문조사, 연구보고서 생산 등을 말하며, 교육활동으로는 국제보건 아카데미 개설, 국제보건 커리큘럼 개발, NGO 실무자 교육 등을 진행한다. 이외에도, 세계보건기구 협력센터를 설립하여 보건체계 및 재정과 관련된 연구를 전문적으로 수행하며, 개발도상국의 정책입안자를 대상으로 하는 역량강화 교육과정을 제공한다.

서울대학교 의과대학에 위치한 이종욱글로벌의학센터는 이종욱 전 세계보건기구 사무총장의 뜻을 이어 2012년 8월 국제보건의료의 교육, 연구, 국제공헌의 목적으로 설립되어 개발도상국 질병 예방과 국민건강 증진을 위해 보건부 관계자 및 의료 인력을 대상으로 의료역량강화 교육 및 보건의료정책 연수 과정을 중점적으로 운영하고 있다. 또한 국제보건과 관련된 주제로 논문 발표 및 연구 활동을 하고, 국내외 기관에 국제보건 관련 정책자문을 제공하고 있다.

연세대학교 보건대학원은 국제보건 분야 학문후속세대 양성을 위해 국제보건 일반 및 공적개발원조, 공공, 다자기구 분야, NGO, 선교 및 공유가치창출(CSV) 분야, 긴급구호 및 재난의학 분야 등에 국제보건 관련 전문 과정을 개설하여 국제보건 분야 전문지식 및 기술을 갖춘 지도자를 양성하고 있다. 또한 연세대학교 원주캠퍼스에 설립된 연세대학교 빈곤문제국제개발연구소는 2010년 창립 이후, 지역공동체를 기반으로 한 보건, 환경, 농업, 사회과학을 아우르는 다학제 간 융합연구를 수행하고 있다. 특히, 연구소 내 보건의료연구센터를 별도로 두어 국제보건 관련 연구 및 수행활동을 담당하도록 하고 있다. 빈곤문제국제개발연구소에서는 한국국제협력단의 후원을 받아 2011년부터 다양한 국제보건 사업을 수행하고 있으며, 국제보건과 관련된 연구총서를 지속적으로 발간하고 있다.

인제대학교는 보건대학원 및 5개 백중앙의료원을 중심으로 다양한 국제개발협력사업에 참여하고 있으며, 2014년 백의료원 내에 '이태석 기념 국제개발협력처'를 설립하여 공적개발원조 사업 참여에 박차를 가하고 있다. 2010년 아프가니스탄 바그람에 한국국제협력단 사업으로 무상병원을 운영한 것을 계기로 병원 운영과 역량강화를 위한 초청 연수 사업, 사후관리 사업에 참여하고 있다. 2012년에 설립된 인제대학교 국제보건연구소는 개발도상국 인력 연수 사업, 국제기구협력사업, 개발도상국의 지역사회건강조사 및 현장중심교육사업, 방문지원 사업, 국내외 전문가 교류사업, 보건관련 연구보고서 및 간행물 발간 등을 통해 한국의 국제보건 분야 발전 및 국제적 위상제고를 위한 다양한 활동을 수행하고 있다.

이와 같이 학계의 국제보건 지식 인프라 구축 활동의 결과로 2013년 3월에는 국제보건활동에 참여하는 의학, 간호학, 보건학, 예방의학 관런 단체의 보건전문가들과 그 외 다양한 연구자, 전문가, 정책담당자, 현장실무자 등이 모여 국제보건의료에 대한 연구와 이론적 탐구는 물론, 연구 성과를 교류하고 정보를 공유하는 국제보건의료학회가 창립되었으며, 2016년도에 첫 학술대회를 개최하였고, 2017년부터는 춘계 및 추계로 나누어 연 2회 학술대회를 개최하여 국제보건과 관련된 최신 이슈 및 논의과제를 발표하고, 보건의료 분야의 학생 및 일반인을 대상으로 연구경연 및 포스터발표 대회를 진행한 바 있다.[121]

국제보건 전문 학회 설립도 최근 일이다 보니 한국의 국제보건 지식 인프라는 매우 약하다. 지난 20년간 국제보건 관련 주제로 국내에 발간된 논문 수는 총 110건으로 그 중 56%가 학위논문(석사논문 52편, 박사논문 10편)임을 감안한다면 전문 학술지에 발표된 논문은 매년 2.5편 정도에 불과하다. 최근 국제 보건학 관련 저서 또는 번역서가 4~5권 정도 발간된 것으로 확인되나 주제와 실제 집필 작업에 참여한 저자의 수 또한 제한적이다.[122][123][124][125]

5

한국 국제보건의
한계와 실천과제

탁상우, 신상문, 이태범, 정애숙

한국의 국제보건은 경제개발의 관점에서 기획되었다는 태생적 이유 때문에 그 성과와 지속가능성에서 여러 한계를 갖는다. 일차보건의료강화의 목적과 인도주의에 부합하는 국제보건 사업은 수원국의 주인의식과 사업성과의 효용을 극대화 시키는 분석을 통해 미래지향적인 목표를 설정해야만 가능하다. 이제 인류의 건강 문제는 너무나 광범위하고 범국가적으로 확산되었기 때문에, 지역적인 문제로 국한하거나 특정 질병만의 극복을 통해서는 근본적으로 해결될 수 없다. 건강불평등 해소와 기후변화로 인한 건강문제 해결 등 앞으로 전 지구적 차원에서 전개될 인류의 건강 문제는 범지구적인 소통과 합의가 이루어져야만 해결 가능한 것들이다. 그 과정에서 다양한 활동 주체들 간의 협력이 필요하며, 이를 위해서는 NGO의 선도적인 역할과 인도주의적 접근이 더욱 절실하다. 이 장에서는 한국의 국제보건의 성향과 그 함의에 대한 분석을 시도하였고, 이를 바탕으로 NGO와 기타 다른 주체들의 역할에 대해 건설적인 방안을 제안하였다.

1. 한국 국제보건의 극복과제

┃ 정부부문 국제보건활동과 극복과제

한국의 국제보건은 국제개발협력 정책의 활발한 이행으로 ODA 예산
의 비중이 높아지면서 그 모양을 갖추기 시작하였다. 그동안 한국
정부가 추진해온 국제보건 활동의 특징을 살펴보면 앞으로의 과제를
어떻게 해결해나가야 할 것인지를 알 수 있을 것이다.

한국 정부의 국제보건 활동의 여러 가지 특징 중에 먼저 살펴볼
것은 1988년 노태우 정부의 청년해외봉사단 발족을 승인하는 결재문
서에 적시되어 있듯이, 한국의 국제개발협력은 개발도상국과 저개발
국으로의 경제 진출의 목적을 가지고 태동하였다는 점이다. 그에 따라
현재 우리가 관찰하고 있는 한국의 국제보건 활동은 국제개발협력이
라는 국가 경제 개발의 틀에서 몸집을 키운, 즉 길러진 가축처럼 한국
의 경제개발이 요구하는 모양으로 양육된 측면이 있다. 그러는 가운데
사업의 내용 면에서는 전략적 접근을 위한 노력이 이루어져 왔는데,
이는 한국국제협력단이 2008년부터 보건 분야 중기전략을 수립하여
비전과 미션을 제시하려는 시도를 해오고 있다는 점에서 알 수 있다.
'KOICA 분야별 중기전략(2016-2020)'은 지속가능발전목표에 맞춰 한국
이 비교 우위에 있는 프로그램을 제시하고 한국의 개발경험과 한국정

부의 국제개발협력 구상에 따라 선택과 집중을 위한 노력이 엿보인다.

이에 맞춰 정부의 국제보건 사업의 규모와 수도 빠른 속도로 증가해 왔다. 최근 10여 년간 한국의 보건관련 ODA는 대상 국가들을 다양화하고 예산규모를 키웠으며, 국제기구를 통한 다자간 사업의 지원도 늘려왔다. 전체 무상원조 예산의 약 16%와 유상원조의 약 10%가 보건 분야에 투입되었는데, 이는 평균 5% 이하인 OECD 개발원조위원회 회원국과 비교했을 때 상당히 높은 비중을 차지한다. 이러한 현상은 두 가지 시각에서 설명되어진다. 첫째, 한국의 의료시설 및 의료기술 수준이 급성장하는 과정에서 축적된 의료 역량을 개발도상국에서 구현하려는 노력이 시도되고 있다는 점이다. 그러나 이를 뒷받침하기 위한 사회적인 인프라가 없는 상황에서 단편적인 의료지원이나 수직적인 보건의료 사업은 그 효과를 거두기가 어렵다는 한계를 가지고 있다. 두 번째 시각은 보건의료 산업의 시장 확대로 개발도상국의 잠재적 소비자를 찾기 위한 해외 현지 진출이라는 경제적 이익이 부합했기 때문이라는 것이다. 실제로 양자간 사업은 원칙적으로는 무상원조이고 강제성이 없다고 하더라도 상당 부분 구속성 원조(tied aid)로 진행되고 있기 때문에 한국 정부의 국제보건 활동은 경제적 이익을 목표로 추진되는 경우가 많다.

현재 한국은 70여 개에 가까운 국가들을 대상으로 보건 ODA 사업을 수행하고 있다. 증대된 예산 규모로 훨씬 다양한 국가에서 보건사업을 실시하고 있지만, 여전히 모자보건, 감염병, 만성질환 정도에 국한되어 있어 분야와 내용면에서는 새천년개발목표 달성을 목표로 했던 이전의 보건사업과 크게 달라진 것이 없다. 하지만 한국의 보건의료 노하우를 통일된 접근방법으로 많은 나라에서 실시할 수 있다는 점에서 다양한 국가를 대상으로 보건사업을 실시한다는 것은 장점이 될 수 있다. 이러한 현상은 어찌 보면 국경을 초월하는 지구촌 공통의 문제를 해결하기 위한 노력에 도움이 될 수 있다. 동일한 보건문제를 해결하기 위한 지구적 목표를 설정하고 이를 위해 국가적 노력을 집중할 수 있는 기본적 토대를 갖는다는 면에서 국제보건의 활성화를 위한 긍정적 구조이다. 물론 이러한 접근은 단지 여러 나라의 다른 문화와 언어의 문제뿐만 아니라, 다양한 사회, 경제, 정치적 차이로 발생하는 변수들을 조정하기 위한 거대한 노력을 경주해야만 실효를 거둘 수 있다. 그렇기 때문에 많은 관리비용과 그에 따르는 정책적 완결성이 요구된다.

한국의 국제보건의 또 다른 특징은 상당히 오랫동안 보건의료시설을 건축하는데 집중해왔다는 점이다. 이는 국내 건설업체가 개발도상국에 진출하기 위한 발판을 마련하기 위해서라도 국제개발협력 모든 사업에서 건설은 뺄 수 없는 요소라는 인식이 있었기 때문이다. 또한 큰 규모의 원조가 실체 없이 보일 것을 염려했기 때문에 보건사업에서도 건축이 갖는 가시적 효과를 활용해 왔다. 이렇듯 한국의 국제보건은 여전히 시설 위주의 사업이 주를 이루고 이로 인한 부작용을 해결하기 위한 노하우는 시간이 지났음에도 비례적으로 축적되지는 않고 있다. 대부분의 국제보건 활동을 수행하는 기관들은 시설보다 지역사회프로그램, 혹은 예방사업 위주의 노력이 더욱 절실히 필요하다고 인식한다. 하지만 이를 추진하고 수원국의 실질적 요구를 반영하여 국제보건 사업의 효과를 증대시키기 위해서는 국제개발협력의 흩어져 있는 국가적 동력을 재조직하여 전략적으로 선택하고 집중하는, 전혀 다른 차원의 지원과 노력이 필요하다고 보인다.

한국 국제보건 ODA의 또 다른 특징은 국제보건 사업의 주제 가운데 모자보건이 가장 큰 비중을 차지한다는 것이다. 하지만 모자보건 사업이라는 제목으로 보건의료시설을 짓고, 인력을 데려와 연수시켜 정부 내의 네트워크를 다지는 데 더 열중했다는 점을 간과할 수는 없다. 국제개발이 본격적으로 시작되고 보건 의제들이 국제개발협력의 주제로 자리매김하기 시작한 이래, 가장 많은 나라에서 가장 빈번히 투자된 것이 바로 모자보건 사업이라 해도 과언이 아닐 것이다. 이는 물론 새천년개발목표와 지속가능개발목표에서 공히 요구되는 보건사업이라는 객관적인 필요도 있었지만, 과거 선진국이 저개발국과 개발도상국을 상대로 무상원조를 실시할 때 원조의 목적을 선의로 포장하기 가장 쉬운 주제였기 때문이라는 점도 생각해볼 수 있다.

한국국제협력단은 지난 10여 년간 UN 기구, 특히 세계보건기구 (PAHO, WPRO 등)를 통해 다수의 모자보건 사업을 지원해오고 있다. 방글라데시 KOICA-UNICEF 예방 가능한 아동사망 감소를 위한 모자보건증진사업, 필리핀 WHO 다바오 지역보건체계 강화 모자보건 사업, UNICEF 방글라데시 가정방문중심의 산모 및 신생아 보건증진사업 등이 그 예이다. 국제기구를 통한 보건사업은 양자간 사업과는 상이한 목적을 가지고 있을 수 있으나, 보건 분야 ODA의 국제적 경향을 이해를 할 수 있다는 장점이 있다. 또한 국제기구와의 사업 수행을 거치면서 축적된 경험을 국내에서 추진하는 국제보건 사업으로 적용하고 실험할 수 있는 중요한 기회가 될 수 있다. 하지만 평가의 결과는 이후 사업 수행에 있어서 기초가 될 수 있는데, 다자간 협력 사업에 대한 평가가 매우 부족한 점이 한계로 작용하고 있다. 결과적으로 이들 사업을 통해 획득할 경험의 내용이 한국 내 국제보건 수행기관의 역량으로 귀결되는 기회가 박탈되고 있다고 볼 수 있다. 이러한 형태의 다자간 국제보건 사업을 보다 심층적으로 비교분석하고 이에 대한 평가를 통해 도출된 교훈을 향후 국제보건 사업, 특히 양자간[126] 사업의 기획에 있어서 응용할 수 있도록 하는 것이 절실히 필요하다.

한국의 국제보건 사업이 주로 양자 간 원조의 기조에서 기획되고 집행, 평가된다는 점은 극복해야 할 핵심적인 과제 중의 하나이다. 이는 앞서 말한 것처럼, 경제개발의 틀에서 구상된 보건사업의 특징으로 설명될 것이다. 즉 국제보건 활동이 범지구적 보건문제의 우선순위를 반영하기보다는, 개별 국가의 정치경제적 상황에 따라 구상 단계에서부터 단편적이고 파편적인 기획이 이루어진다는 점이다. 이러한 접근법은 지구촌 공통의 보건문제를 해결하기 위해 국경을 초월하는 협력을 끌어내는 노력과는 거리가 먼 방법임에 분명하다.

한편 1978년 알마아타 선언 이후 보건문제 해결의 방향으로 제시되어온 일차보건의료의 강화전략은 한국도 예외가 아니었다. 하지만 이 전략은 전방위적인 노력과 범정부적 공조, 국제적인 호흡조절이 필요한 것인데, 한국의 국제보건 사업들은 거의 모두 단절적이고 단편적인 사업으로 진행되어왔다. 이 또한 대부분의 국제보건사업이 경제개발의 프레임 속에서 양자간 사업의 구도로 분야별 기획과 예산집행의 방식을 버리지 못한 결과라고 여겨진다.

▌민간부문 국제보건활동과 극복과제

한국에서 국제보건 활동을 전개하고 있는 민간부문은 크게 NGO, 대학 및 대학병원, 기업으로 나눌 수 있다. 다른 국가들과 달리 민간재단(국제보건 재원을 배분하는 기관)이 빠진 이유는, 아직까지 한국에는 존재한다고 보기는 어렵기 때문이다.

한국 국제보건 민간부문의 공통적인 특성은 과도하게 정부 재원에 의존하고 있다는 점이다. 우선 NGO의 경우를 보면 한국국제협력단의 민관 협력 프로그램으로부터 대부분의 활동 자금을 보조받고 있다. 이는 국제활동 NGO의 역사가 짧고 아직은 국민들의 기부문화가 충분히 활성화되어 있지 않은 상황에서 정부 이외에 다른 펀드를 확보할 수 있는 창구가 거의 없기 때문이다. 이는 대학이나 대학병원들도 마찬가지인데, 이 기관들은 주로 양자간 사업에 참여하며, 거의 전적으로 정부 예산에 의존하고 있다. 이렇게 높은 재정적 의존도는 그 영향이 비단 재정 문제에 국한되는 것이 아니기 때문에 문제가 될 수 있다. NGO의 경우 프로젝트 운영비용 중에서 정부 보조금이 차지하는 비중이 높게 되면 정부의 간섭에 노출되기 쉽다. 대학은 정부가 세운 방침에 따라 프로젝트를 운영해야 하고, 창의적인 아이디어를 활용할 수 있는 기회가 제한적이다. 이렇듯 NGO나 대학은 독립성을 가지고 자신들의 가치를 추구할 수 있는 기회를 확보하지 못하고 있는 것이 현실이다. 그러다 보니 국제활동을 하는 NGO들은 다양한 가치를 가지고 활동함에도 불구하고, 자신들의 정체성을 국제개발협력에 두는 경우가 많다. 그래서 자신들을 국제개발NGO 또는 개발NGO라고 자칭하고 있고, 국제활동 NGO의 협의체 이름도 국제개발협력민간협의회이다.

한국 민간부문 국제보건 활동의 또 다른 특징은 민간 영역에서의 상호 협력이 많지 않다는 점이다. 민간부문에서의 상호 협력이란 NGO는 사업현장과 지역사회에 대한 전문성을 공유하고, 대학은 연구조사 기능을 담당하거나 평가에 참여하고, 기업은 사회공헌이나 혁신적인 기술을 통해 협력하는 것을 말한다. 그러나 한국의 국제보건 현실은 이러한 분업화를 통한 시너지 효과를 거두고 있다고 보기 어렵다. 상호 협력이 제한적인 이유는 각 활동 주체들의 특성에서 기인한다. NGO는 자신들이 수행하는 프로젝트 안에 새로운 지식의 창출이나 국제보건 가설 검증 등을 위한 연구 활동을 포함하지 않는다. 즉, 세부 실행 사업 중에 전문연구기관의 상시적 참여가 필요한 요소를 갖고 있지 않다는 것이다. 그러다보니 프로젝트 성과관리나 자문 역할 정도에서만 대학과 협력하는 것이 일반적이고, 기관보다는 개별 연구자가 참여하는 경향이 있다. 하지만 NGO 사업의 성격과 취지에 대한 이해가 없는 대학의 연구자가 성과관리를 수행함으로써 가치 구현이라는 NGO의 본래적 책무를 간과하는 오류를 범하기도 한다. 대학의 경우에는 규모 면에서 정부의 양자간 사업의 비중이 매우 크다. 그런데 대학이나 병원이 참여하는 양자간 사업의 내용은 지역사회에 기반하기보다는 시설 지원이나 교육 지원이 대부분이다. 그렇기 때문에 지역사회를 기반으로 활동하는 NGO와의 협력의 필요성을 느끼지 못하는 것은 당연한 결과일 것이다. 다만 정부의 민관협력 프로그램에 참여하는 대학의 경우는 사업 지역에서 활동하는 NGO와 부분적으로 협력하기도 한다. 또한 NGO가 기업과 협력하는 경우, 기업의 사회공헌 프로그램을 공동으로 진행하는 것이 일반적이다. 이러한 사회공헌 프로그램은 일회적, 단기적인 접근인 경향이 있다.

이처럼 민간부문의 국제보건 활동의 주체들은 각각 나름의 특성을 가지고 있다. 먼저 한국 NGO의 국제보건 활동의 특성을 자세히 파악하기 위해서는 일반적인 국제활동 NGO의 특성을 살펴볼 필요가 있다. 첫째로 한국의 국제활동 NGO의 등장 시기가 얼마 되지 않았다는 점을 눈여겨봐야 한다. 처음 국제활동 NGO가 나타난 것은 해외여행 자유화가 실시되고 국가 경제력이 높아진 시기인 1989년이고 그 후 1990년대에는 몇몇 국제활동 NGO들이 설립되었지만 의미있는 숫자는 아니었다. 본격적으로 한국의 국제활동 NGO들이 등장하기 시작한 시점은 OECD DAC에 가입한 2010년 전후로 NGO의 국제활동이 본격화된 것은 10여 년에 불과하다. 이는 한국이 원조 수원국에서 원조 공여국이 되었기 때문에 볼 수 있는 현상이다. 국제활동의 특성상 경험과 실력을 쌓기 위해서는 많은 시간과 비용이 소요되는데 이 정도의 활동 기간을 통해 적절한 노하우를 취득하기에는 역부족이다.

두 번째 특징은 일반적으로 해외에서도 종교 기반 NGO의 수가 상대적으로 많기는 하지만, 한국은 기독교 선교단체의 비중이 너무 높다는 점이다. 선교단체의 수와 재정 규모를 놓고 보면 압도적인 비중을 차지한다. 이 정도로 높은 이유는 우선 국제활동 NGO의 등장 시기와 기독교 해외선교에 대한 관심이 폭발적으로 증가하는 시기가 거의 일치하기 때문이다. 다른 이유로는 NGO의 국제활동은 모금에 절대적으로 의존할 수밖에 없는데, 종교기관은 일상적으로 모금활동을 전개해 왔고, 신도들의 기부 참여도가 높기 때문이다. 또한 해외 파견 선교사들이 많아진 것도 영향을 미쳤다고 볼 수 있다. 해외에서의 활동을 원활하게 진행하기 위해서는 지역사회에 대한 많은 정보를 가지고 있고, 장기간 안정적으로 거주할 수 있는 인력을 파견해야 한다. 하지만 파견에 따르는 많은 비용을 일반적인 NGO가 감당하는 것은 쉬운 일이 아니다. 반면 이미 파견되어 있는 선교사들이 중요한 현지 인력으로서의 역할을 수행할 수 있는 선교단체들은 상대적으로 손쉽게 현지 활동을 수행할 수 있었다. 그러나 선교단체의 비중이 높다는 것은 몇몇 문제를 야기할 수 있다. 우선 중첩적인 국제활동의 목적이 나타나는 것이다. 보편적인 인도주의적 활동이 아니라 궁극적인 목적인 특정 종교의 활동을 구호라든가 개발이라는 명목상 목적으로 가려서 중첩적인 목표 의식을 갖게 만든다는 것이다. 결국, 모금을 위해서는 명목적인 목적을 내세우지만 실제 활동은 궁극적인 목적에 치우치게 된다. 이러한 현상은 한국에서 NGO의 국제활동에 대한 철학적 고민을 위축시키는 결과를 낳았다고 볼 수 있다. 즉 시민들이 국제보건 활동과 같은 국제활동에 동참하거나 지지하는 이유에 대한 성찰을 가로막는 결과를 낳게 된 것이다. 또 다른 문제로는 선교사를 활용한 현지 활동의 비중이 높음에 따라 과학적, 체계적 접근을 하는 전문적인 현장 활동가들이 많이 등장할 기회를 가로막게 되었다는 것이다.

세 번째 특징은 대형 국제NGO들의 활동이 차지하는 비중이 매우 크다는 점이다. 국제NGO란 3개 이상 국가에 조직을 갖춘 NGO를 말한다. 이러한 국제NGO의 비중이 큰 이유는, 역시 수원국에서 공여국으로 전환하는 과정에서 나타난 현상이라 할 수 있다. 수원국이었던 시기에는 해외 NGO들이 국내로 들어와 활동하였지만, 점차 경제 상황이 좋아지면서 철수하거나 그들의 역할을 바꾸었다. 다시 말해 자체적인 모금을 통해 국내 사업을 실시하게 되었고, 더 나아가 해외 사업에도 참여하게 된 것이다. 그리고 이러한 그간의 경험들은 2000년대에 들어서면서 대형 NGO의 등장에 기여하게 되었다. 결국 가장 큰 규모의 10대 NGO들은 대부분 해외에 본부를 두고 있는 국제NGO들이 차지하게 되었다. 또한 과거에 철수했던 국제NGO들이 다시 한국에서 그 때와는 다른 목적으로 활동하기도 하고, 한국에서의 활동이 없었던 국제NGO들도 모금을 위해서 등장하고 있다.

네 번째 특징은 전문 NGO를 거의 찾아보기 힘들다는 점이다. 전문 NGO가 되기 위해서는 학문적 전문성을 갖춰야 할 뿐만 아니라, 전문 인력이 참여할 수 있을 만큼의 재정 능력이 있어야 하고, 규모나 내용면에서 전문 인력이 활동할 수 있는 프로젝트를 충분히 공급해야 한다. 다시 말해서 학문적으로 높은 수준에 있는 사람들이 직업으로서 NGO를 선택할 만한 매력이 있어야 한다는 것이다. 전문 NGO가 필요한 이유는 단순히 후원금을 제3자에게 전달하는 전달자의 역할을 뛰어넘어, 새로운 가치를 창출함에 따라 수혜의 규모와 질을 폭발적으로 높여

주는 창조자의 역할을 해야 하기 때문이다. 한국 국민들의 기부금 중에 일대일 해외아동 결연 프로그램에 대한 기부가 압도적인 비중을 차지하고 있다. 이러한 현상은 NGO가 전문성을 기르는데 장애 요소로 작용할 가능성이 높다.

민간 영역에서 국제보건 활동의 주체인 대학의 경우는 NGO와 같이 정부가 지원하는 민관협력 사업에 참여하거나 양자간 사업에 참여하고 있다. 대학의 국제보건 활동에서의 주된 역할은 교육과 연구 기능이어야 한다. 다시 말해서 국제보건 활동의 효과와 효율을 높이기 위한 연구조사 활동을 담당하는 것이다. 그렇기 위해서는 국제보건 현장 활동에도 참여해야 하고, 이론적, 철학적 탐구가 있어야 한다. 그리고 이러한 노력의 성과는 단시간 내에 이루어지는 것은 아니기 때문에 체계적인 수련 기간을 거쳐야 한다. 한국에서 국제보건에 관심을 가지고 연구 활동을 하는 학자들과 현장 전문가 등이 모여서 만든 국제보건의료학회는 2013년이 되어서야 비로소 출범하였다. 이 학회는 매년 두 차례에 걸쳐 학술대회를 개최하고 있고, 2019년에는 첫 번째 학회지를 발간할 예정이다. 학회는 연구와 이론적 탐구를 실시하고 이를 서로 교류하고 질 높은 교육을 제공하는 역할을 수행해야 한다. 그리고 이를 위해서 다양한 국제보건의 현장 경험을 축적해야 하고, 다양한 국제보건 활동 주체들이 나아갈 방향에 대한 문제제기를 선도적으로 해야 한다. 하지만 아직까지 이러한 역할을 수행해온 흔적을 찾기는 쉽지 않다.

대학이 국제보건 활동에 있어서 담당해야 하는 핵심 분야는 교육 및 연구 기능인데, 이는 대부분 해외 현장 사업과 동반되어야 한다. 그러다보니 대학은 주로 현장사업과 함께 연구 활동을 실행하고 있고, 석사와 박사 학위 과정에서의 연구 주제를 확보하고자 하는 동기가 강하다. 한국은 연구 기능을 담당하는 대학과 사업 실행 기능을 담당하는 현장 경험이 있는 NGO와의 협업이 일반적인 원조 선진국들의 사례와는 차이가 있다. 이는 대학은 전문가 그룹, NGO는 비전문가 그룹으로 구획하고, 해외 실행 사업에 있어서도 대학이 더 많은 전문성을 가지고 있다고 믿는 정부 원조기관 직원들의 시각도 일부 원인으로 작용한다. 특히 양자간 사업은 대학과 대학병원이 거의 대부분을 실행하고 있는데, 이는 대학과 NGO 그리고 정부 모두에게 좋지 않은 영향을 미칠 것이다. 현지 실행사업은 풍부한 경험을 가지고 있는 현장 활동가들이 주로 담당해야 하는데, 현장 경험이 거의 없는 학위과정의 연구원이 담당하는 경우가 많다. 또한 참여한 연구원은 프로젝트 종료 이후에 활동 경험을 토대로 전문적인 현장 활동가로 일을 하기 보다는 다른 영역으로 이동하는 경우가 대부분이다. 국제보건의 현장 활동에 전문적인 활동가들이 경험을 축적하는 것은 국제보건 사업 전체의 질적 관리 차원에서 중요한 인적 토대가 될 수 있다. 이를 위해서 실행 사업과 연구 교육 활동 사이에 일정한 간격을 두고 전문 기관과의 협업을 통해 시너지가 나타나게 된다면 중장기적으로 한국 국제보건 활동의 수준을 높이는데 중요한 기여를 하게 될 것이다.

대학이 갖는 교육 및 연구 기능은 사업 기획이나 성과 관리뿐만 아니라 프로젝트의 내용이 될 수도 있다. 예를 들어 미네소타 프로젝트[127]의 경험을 적용하여 선진화된 한국의 의학 교육 시스템을 활용해 의학 전문가를 양성하는 서울프로젝트의 경우가 있다. 이는 대학과 대학병원이 가지고 있는 전문성이 독자적인 프로젝트에 활용되는 것이고, 이는 대체 불가능한 대학의 고유의 기능이다. 이러한 프로젝트가 활성화되기 위해서는 우선적으로 정부의 정책적인 고려가 있어야 한다. 또한 대학과 대학병원은 이러한 프로젝트를 원활하게 수행할 수 있는 자체적인 시스템을 갖추는 것이 중요하다.

　국제보건 분야에서 한국의 기업들의 활동은 뚜렷하게 보이지는 않는다. 일회성 단기 프로그램으로 해외 의료봉사 활동이 대부분이고 지역사회 보건의료 문제에 대한 접근은 찾기 힘들다. 다만 최근에 들어서서 한국국제협력단이 기업을 대상으로 하는 프로그램을 실시하여, 선정된 기업에게 재원을 제공하면서부터 기업의 참여가 점차 늘어나고 있다. 한국국제협력단은 이를 혁신적개발협력 프로그램이라고 하는데, 청년 기업가들의 혁신적인 아이디어를 국제개발협력에 적용하고 이를 통해 수익구조를 만들도록 지원하거나 기업의 사회공헌 활동과 연계하여 국제개발협력 사업을 진행할 수 있도록 돕고 있다. 기업의 입장에서는 해외 시장을 개척하는 의미가 있을 수 있으나, 지역사회 활동의 경험이 없는 경우가 많아서 현지 활동 경험이 많은 NGO 와의 협력을 선호하는 경향이 생겨나고 있다. 예를 들어 의료기기 개발 기업인 엑소시스템즈는 ICT 기술을 접목한 근력 재활 기기를 메디피스의 베트남 꽝찌성 재활 프로그램에 활용하고 있다.

　아직 한국의 기업이 참여하는 국제보건 프로그램은 초기 단계이지만 향후 증가할 것으로 보인다. 이는 최근 들어 기업의 사회적책임(CSR)에 대한 요구가 커지면서 사회공헌 활동이 활발해지고 있어서 기업의 국제보건 활동이 늘어날 것이라는 기대를 준다. 또한 기업이 단순한 지원 활동 중심의 사회공헌 활동이 아닌, 사회문제를 해결하는 주체로서의 사회 혁신자 역할을 요구받고 있는 것도 다양한 국제보건 문제에 참여할 가능성을 높여준다.

　한국 국제보건 민간부문에서의 가장 중요한 과제는 각각의 전문성에 기반한 분업화와 협업화이다. 이를 위해서는 지금 당장의 단순한 역량을 비교하는 관점에서 벗어나서 전략적이고 장기적인 관점에서의 접근이 필요하다. 한국의 국제보건 활동의 발전 단계에서는 무엇보다도 경험을 통한 학습이 필요하다. 각각의 고유한 성격을 가지고 있는 기관들이 골고루 이러한 경험을 쌓을 기회가 제공되어야 균형감 있는 협업이 가능해진다. NGO, 대학, 기업 등 각각의 특성들을 인정하고 분업의 상대로서의 파트너의 미래 가치를 공유하는 것이 절실히 요구된다. 정부는 국제개발협력 활동에 있어서 대학의 기능이 충분히 활용될 수 있는 프로젝트들을 많이 개발하여 대학의 본연의 분업적 역할을 수행할 수 있도록 하고, 현장 활동에 전문성을 가지고 있거나 가져야 하는 NGO들이 다양한 사업 형태에 참여할 수 있도록 해야 한다. 민간 국제보건 활동은 협업이 없으면 수준을 제고하기 어렵기 때문이다.

2. 인도주의와 건강불평등 개선을 위한 실천과제

▌인도주의와 건강불평등

국제보건 활동은 인도주의 요소를 포함하고, 활동 범위의 지엽성을 초월하는 전 지구적 협력을 위해 경주해야 한다. 한국의 국제보건은 직접적 효과를 측정할 수 있는 사업을 우선적으로 실시하려 하기 때문에 이로 인해 사업의 성과와 활동의 범위가 제한되는 경향이 있다. 이를 긍정적으로 개선하기 위해서는 우리 정부의 극복 의지가 중요하고, 이를 뒷받침해줄 변화된 행정적, 제도적 토대가 필요하다. 이러한 국가 정책방향을 설정하는데 있어서 철학적 바탕은 인도주의이어야 한다. 보건문제 해결을 위한 지난한 인류 역사를 돌이켜보면, 결국 인도주의적 근간에서 비롯한 노력들이 전 인류의 건강 문제 해결에 크게 이바지하였다는 점을 간과해서는 안 되기 때문이다. 김창엽 교수의 정의대로, 국제보건은 "전 세계적 차원의 건강불평등 혹은 이와 관련된 과제를 해결하려는 국민국가와 그 구성원들의 자발적인 협력"이다. 그렇다면 전 세계적 차원의 건강불평등 문제를 어떻게 분석할 것인가. 이는 인도주의적 시각에서 접근했을 때 올바른 해결책이 나올 것이다.

보건사업을 통해 부분적인 건강 문제를 해결하거나 특정 질병부담을 감소시켰다 하더라도 전체적인 건강분포에 있어서는 불평등을 심화시킬 수도 있다. 이는 한국의 국제보건의 문제만은 아닐 것이다. 실제로 특정 질병을 감소시키려는 수직적인 보건사업이나 지역적인 접근을 시도하는 보건사업은 여러 측면에서 건강불평등 문제를 야기한다. 예를 들어 전 세계적으로 모성보호를 위한 원조 사업이 제공된 국가들의 모성건강 지표를 보면, 국가 간 격차는 과거 20년 전보다 오히려 더 커졌다. 이는 특정 보건사업이 건강불평등을 악화시키는 직접적인 원인이라고 설명할 수는 없지만, 그동안의 국제보건 사업을 통해 건강불평등 문제를 해결하는 데에는 근본적 한계가 있다는 것은 분명해 보인다. 인구통계 및 건강조사(Demographic and Health Survey, DHS) 자료는 많은 보건 ODA 사업의 효과로 나타난 건강지표의 변화가 실제로 지역 간, 국가 간 건강불평등의 심화로 이어졌다는 것을 보여준다. 물론 이러한 보건지표의 변화를 이끈 것이 단순히 특정 보건사업이라고 보기는 어렵다. 하지만 특정 국가에 보건사업이 집중되고 이에 따라 해당 사업과 관련된 보건지표가 변화하게 되면, 그 결과 국가 간 건강불평등이 심화되는 모순된 순환이 있어왔다고 볼 수 있다. 다행히도 지속가능개발목표 상에 명시된 보건 관련 목표들은 현재 만연한 국가 간 건강불평등 문제를 해소하는데 효과적으로 적용될 수 있는 것들이 포함되어 있다. 지속가능개발목표 17개 목표 중 첫 번째인 전 세계의 빈곤 퇴치, 전 연령의 건강한 삶 및 웰빙 확보, 모든 이에게 물과 위생의 유용성 제공 및 지속적 권리 확보 등의 목표는 인도주의 국제보건 사업에 있어서 반드시 고려해야 할 부분이다.

2017년 기준으로 질병부담이 가장 큰 20개 국가 중, 글로벌펀드(The global fund to fight AIDS, Tuberculosis and Malaria)로부터 지원을 받고 있는 국가는 13개국에 불과하다. 현재 보건 현황에서 감염병으로 인한 질병부담은 여전히 높으며, 전염성 질환으로 인한 사망의 대부분은 저개발국과 개발도상국에서 발생한다. 이런 점에서 저개발국 대상의 보건 ODA사업이 주로 전염성 질환을 목표로 하는 것은 당연하다. 이를 통해 일차 보건의료가 강화된다면, 결과적으로 비전염성 질환에 대한 부담감소와 불평등 해소로 이어질 수 있었을 것이다.

국가 간 건강불평등을 초래하는 또 다른 요소는 건강 위해 요인에 대한 국제적 원조규모의 불균형 문제이다. 미국의 주도로 막대한 재정 지원이 이루어졌던 '에이즈 퇴치를 위한 대통령 긴급대책(PEPFAR)'을 통해 분명히 HIV/AIDS에 기인한 건강불평등 문제는 확연히 감소했겠지만, 상대적으로 만성비감염성질환(NCD)에 대한 지원은 그만큼 많은 성과를 거두지 못했다. 아프리카를 비롯한 여러 저개발국가는 가까운 미래에 만성비감염성질환이 사망원인 1순위를 점하게 되는 것을 경험할 것으로 보인다. 이는 분명히 건강 위해요인에 대한 국제적 지원의 불균형에서 기인하는 부분이 있다.

국제보건 사업 수행기관들은 측정 가능한 성과를 내는 단기 프로젝트를 지원하는 경향이 강한데, 여기에 더해 보건의료 사업을 통해 사회경제적 불평등을 줄이는 일종의 사회사업의 역할을 기대하는 오류를 범하기도 한다. 보건의료 시설 건축과 기자재 제공이 지역 소득 증대며 실업문제 해결에 기여할 것이라 기대하는 것이 일련의 예가 될 것이다. 건강불평등은 기초적인 사회간접자본이나 인프라에 대한 불균형한 접근성에 기인한다. 그리고 일반적으로 건강의 사회적 결정요인 중 가장 중요한 요인은 빈곤이다. 빈곤에 의해 발생되는 건강불평등은 다른 사회적 요인들에 비하여 영향력이 크고, 결과적으로 불균형의 정도도 크다. 그 외 다른 사회적 결정요인들은 보건사업을 통해서 일정수준 개선이 가능하지만, 가장 중요한 요인인 빈곤에 대해서는 보건사업이 직접적인 해결사가 될 수는 없는 일이다. 반대로 많은 기관과 활동가들이 국제보건사업을 수행하는 과정에서 건강불평등이 존재함을 알게 되고, 그것이 얼마나 심각한지도 인식하게 된다. 그러나 그에 대한 해결책이 명확하지 않거나, 국제보건 활동가가 정해진 사업내용을 벗어나 직접적으로 개입할 수 있는 부분이 많지 않기 때문에 이로부터 느끼는 도덕적 불편함은 더 이상 낯선 얘기가 아니다.

건강불평등을 감소시키기 위해 수행되는 국제보건 사업은 인도주의 원칙 하에서 기획되고 평가되어야 한다. 양자간 사업에서 건강불평등 문제에 개입하게 되면 양국 정부 간 협의 과정에서 사회정치적 측면이 무시되고, 결국 사회적 결정요인으로 인한 건강불평등은 해결되지 않는다. 국제보건사업을 통해 건강불평등을 해결하기 위한 노력은 공중보건학적 접근뿐만 아니라, 인도주의 관점에서 사회경제적 측면과 정치적 측면 등을 고려하는 접근이 요구된다. 건강불평등 개선을 위해서는 전 지구적 및 지역적 변화에 민감하게 반응해야 하며 보건의료체계의 특성과 정치, 사회적 배경을 반영한 복합적 활동들이 필요하다. 그러기 위해서는 우선 건강불평등을 감시하는 정보시스템이 있어야 하고 이를 효과적으로 활용하여야 한다. 흔히 건강불평등의 정도를 파악하는데 필요한 보건통계를 얻기 위해서 질병감시체계가 활용되지만, 이를 통해 얻은 통계자료는 사회경제적 요인으로 인해 발생하는 건강불평등의 정도를 파악하는데 충분한 도움이 되지 않는 경우가 많다. 그래서 건강불평등을 야기하는 복합적 원인들에 대한 정보가 포함된 건강불평등 감시체계가 구상되어야 한다. 건강불평등을 줄이기 위한 사회적, 정치적 과정은 매우 가변적이며 지역 및 지방정부의 정치적 성향의 영향을 받는다. 그렇기 때문에 건강불평등 해소를 위한 보건사업은 지역의 시민 참여를 통해 지역 거버넌스를 활용하는 사업이어야 하고, 궁극적으로 보건의료체계의 강화로 연결되는 활동으로 구성되어야 한다. 이러한 활동들은 보건의료체계 강화를 목표로 의료 서비스의 품질, 접근성, 가용성, 그리고 건강관리의 경제성을 향상시키는 방법 등을 포함할 수 있지만, 중요한 것은 보건시스템의 개선을 통해 건강불평등을 감소시키는 목적의식이다. 예를 들어, 단순한 진료건수 증가 보다는 저소득층 혹은 취약계층의 진료건수 증가가 목표로 설정되는 것이 필요한 것이다.

인구집단 내에서 분포하는 건강불평등은 필연적으로 존재하고, 다양한 형태로 나타난다. 그런데 생태학적인 분포 상에서의 차이를 건강불평등으로 간주하고, 이를 줄이려는 노력을 기울이게 되면 국제보건의 건강불평등을 야기하는 환경적, 사회적, 정치적, 경제적 요인 등 거시적 요인을 고려하지 않게 되는 오류를 범하게 된다. 이러한 자연적인 분포상의 차이를 줄인다 하더라도 엄밀하게는 건강불평등 감소의 의미를 갖는다고 보기는 어려울 것이다. 많은 건강불평등 관련 연구는 이러한 분포상의 이상점(outlier)이나 양극단(extreme) 간의 격차를 줄이는 데 관심을 기울이지만, 국제보건에서의 건강불평등 해소는 극단 간의 차이뿐만 아니라, 국가 평균 간의 격차를 줄이는 것에 더욱 관심을 기울여야 한다.

국가 간 건강불평등에 대한 연구의 불균형도 간과하기 어려운 과제이다. 실제 빈곤으로 건강불평등이 발생하는 개발도상국들보다, 상대적으로 빈곤으로 인한 건강불평등의 문제가 적은 선진국에 의해서 건강불평등 연구가 더욱 활발하다. 이는 국가 간 건강불평등을 해소하는 과학적 지식의 축적이 상대적으로 느려지고 나아가 실천을 위한 근거의 부족을 야기할 가능성을 견지해야 한다.

또한 선진국과 개발도상국 간 출생율의 차이가 2배 이상이라는 점을 고려하면, 건강불평등에서 출생지가 차지하는 역할이 매우 크다. 제한된 사회경제적 자원을 더 많은 인구에게 배분해야하는 상황에서 이러한 건강불평등을 줄이기는 더욱 어렵기 마련이다. 출생지를 변경할 수는 없지만, 국가 간의 이동을 원활하게 하여 자원배분의 기회를 나누는 것도 건강불평등 문제 해소에 기여할 한 가지 방법이 될 수 있다. 따라서 이민인구나 난민문제는 국제보건의 건강불평등의 해소를 위해 중대하게 논의되어야 할 사안이다.

국제보건사업에서 사용하는 접근방법 중의 하나인 지역사회 중심의 보건사업 수행은 단일 기관이나 개인이 아닌 지역사회 전체를 대상으로 하여 해당하는 인구집단 전체의 보건수준을 향상시키는 것을 목표로 한다. 그러나 이러한 국제보건사업을 수행할 때의 대상범위로 지역사회를 선정하는 경우에 있어서 지역사회가 너무 협소하게 선정되거나, 지역사회간의 균형이 고려되지 않은 상태에서 대상지역을 선정하게 되면 불평등이 발생할 소지가 있다. 다시 말해서 국제보건 사업에서 흔히 강조되는 지역사회의 보건역량 강화, 지역주민의 보건수준 향상 등도 집단 간 건강불평등 해소라는 원칙을 고려하지 않으면 지역 간 건강불평등을 심화시키는 요인이 될 수도 있는 것이다.

국가 간 발생하는 건강불평등 뿐만 아니라, 국가 내 지역 간의 건강불평등도 반드시 고려해야 할 중요한 요소이다. 따라서 지속가능개발목표에 기반하여 국제보건사업의 우선순위를 정하는 것은 건강불평등 해소를 위한 실용성 관점에서 한계를 보인다. 지속가능개발목표에 기반한 방식은 한 국가에서 건강수준이 최악인 지역을 우선순위로 두고 사업을 구상하여야 하는지, 아니면 최악의 보건환경에서 거주하는 특정인구 단위를 우선적으로 고려해야 하는지에 대한 기준을 제공하지 않는다. 어찌 보면 국제보건 사업자는 국제보건 사업에서 보건의료에 국한된 특정목표에 안주하지 않고, 인도주의 관점을 견지하며 사회경제적, 환경적 결정요인의 전 범위에서 프로그램을 평가하고 우선순위를 정해서 국제보건사업이 실질적 효과를 거둘 수 있게 노력해야할 것이다. 그렇지 않고 가장 취약한 지역에 집중하게 되면, 전체적으로 건강불평등이 해소되는 것이 아니라 순위만 바뀌는 이른바 '꼴찌의 함정128)'에 빠지기 쉽다.

▌건강불평등과 원조 사각지대

원조에 의한 국제보건 사업은 수직적 사업, 수원국의 주인의식 부족, 지역 간 불평등의 심화 등 여러 단점에도 불구하고, 주로 큰 예산규모로 수행되고 그만큼 좋은 모델을 발굴하여 확장(Scale-up)할 수 있는 기회를 제공한다. 하지만 지속적인 지원활동으로부터도 보호받지 못하는 보건사업의 사각지대가 존재하기 마련이다. 특히 양자간 사업의 책무성과 사업관리의 효율성 강조로 인해 정해진 지역에서만 사업을 수행하게 되고, 결과적으로 국제보건 사업의 손길이 닿지 않는 곳이 발생한다. 행정구역이 다를 뿐, 옛날부터 한 우물을 사용하고 같은 강에서 빨래하며 살아오던 이웃마을은 혜택에서 소외되는 경우가 생기는 것이다. 특히 오지나 고립지역에서의 보건의료 서비스의 부재는 누군가의 도움이 없이는 자생적으로 갖추기 힘들다. 이런 사각지대 문제는 어떻게 극복할 것인가에 대한 전략적 논의와 실천을 위한 구체적인 계획이 필요한 상황이다.

우선 국제보건 활동에 있어 건강불평등 문제 해소를 위해서는 한 국가 안에서 보건의료의 사각지대가 어떻게 발생하는가를 찾아내려는 노력이 필요하다. 예컨대 한국은 법적으로 특례 수급자를 제외하고 전 국민이 건강보험 가입자이므로 한국 의료보장체계는 공고하다 할 수 있다. 하지만 저소득가구 구성원들은 상당수 건강 상태가 나쁨에도 불구하고 경제적 부담으로 인해 의료기관을 충분히 이용하지 못하고 있다. 그 이유 중 하나는 현재 의료비 중 건강보험 적용 비율은 64% 정도이며, 여기에는 간병비, 일부 민간보험료 등이 포함되지 않아 실제 체감 적용 비율은 더욱 떨어지기 때문이다.[129] 더욱 심각한 것은 62개월 이상 보험료를 체납하고 있는 약 160만 건강보험 가입세대의 경우 급여를 제한받기 때문에 의료보장체계로부터 벗어나 있다는 점이다. 이러한 사람 중에는 행려, 가출, 주민등록 말소 등으로 의료의 실질 사각지대에 놓여있는 계층이 상당수에 이르고 있는 것으로 추정된다.[130] 이를 극복하기 위해서 응급의료대불제도, 임신 및 출산 관련 지원제도, 희귀난치성 관련 지원제도, 보건소 사업 등 부분적으로는 여러 가지 제도들을 실시하고 있다. 하지만 예측할 수 없는 의료욕구가 발생되었을 때 이를 해결할 수 있는 사회적 기반은 미비하다.[131] 한국의 건강불평등의 또 다른 사례는 분만서비스에서도 찾을 수 있다. 산부인과 분만서비스는 필수 진료과목임에도 불구하고 최근 전국적으로 출산율이 낮아져 운영에 어려움을 겪으며 분만서비스를 포기하는 산부인과가 증가하고 있다. 그나마 존립하고 있는 산부인과들도 서울, 경기 지역과 부산 지역 등 대도시에 편중되어 있다. 그러다 보니 산전 진찰이나 분만 및 산후 관리를 위해 타 지역으로 이동할 수밖에 없는 산모들이 나날이 증가하고 있다. 이런 현상은 분만 취약지역 산모들의 시간적, 경제적 부담뿐 아니라 의료적 위험에 대한 노출마저 증가시키고 있어서 문제가 더욱 심각하다. 불충분한 산전 진찰은 사산이나, 저체중아, 주산기 사망, 조산아 등의 가능성을 증가시키고, 이로 인해 산과적 합병증과 산모사망률을 높이게 될 것이다.[132]

이렇듯 보건의료의 사각지대를 확인하고 건강불평등 문제를 해소하는 데에 국제보건 활동이 기여하기 위해서는 제도적인 측면, 지역적인 측면, 주민들의 사회경제적 계층적인 측면 등 다양한 요소들을 점검해야 한다. 어떠한 경우이든 국제보건 활동은 건강불평등 현상을 악화시켜서는 안 된다. 하지만 일반적으로 국제보건 활동의 성과 측정에 있어서 사업의 결과가 이러한 건강불평등 해소에 얼마나 기여를 했는지는 잘 측정되지 않고 있다. 다시 말해서 건강불평등을 완화 혹은 악화시켰는지와는 무관하게 사업성과에 대한 평가가 이루어지고 있다 보니, 인도주의적 가치가 얼마나 실현되었는지 확인할 방법이 없다. 이를 극복하기 위해서는 인도주의적 지표를 개발하고 이를 통한 성과 측정이 반드시 필요하다. 성과측정에서 특히 중요한 것은 다소간의 불평등은 어느 사회에서나 존재하여 왔고 어떤 경우에도 완벽하게 회피하기가 어렵기 때문에, 불평등의 존재 여부를 확인하는 것보다는 불평등 정도가 얼마나 변화하는가를 확인하는 것이다.

3. NGO의 역할

국제보건 사업을 구상하고 기획하는 것은 범세계적 동의(Global consensus)에 기반해야 한다. 현재 대부분 원조기구들은 지속가능개발목표의 지표들을 목표로 설정하여 사업을 기획하고 있다. 또한 전 세계가 협력하고 나서서 추진해야 할 보건과제는 이미 국가별, 지역별로 중장기적으로 계획하여 설정되어 있다. 이런 맥락의 노력들이 부분적으로 전개되어 일정 효과를 거둔 몇 가지 사례가 있다.

첫 번째 사례는 서아프리카지역 8개국 조산사 역량강화 사업이다. 2013년부터 일본국제개발협력기구JICA는 서아프리카 지역 조산사 역량을 현지요구에 맞게 표준화하고, 이에 바탕한 커리큘럼을 주변 불어권 8개국의 조산사 양성 학교 및 프로그램들에 적용하는 프로젝트를 수행한 바 있다. 현재는 이 프로그램을 통해 양성된 조산사 교원들이 지역에서 활동하는 조산사를 대상으로 교육을 하고 실질적 역량강화를 유도하는 활동을 하고 있다. 이러한 국가적 인력양성 프로그램 운영 및 유지 활동은 현지 정부의 지속 의지가 매우 중요하기 때문에 8개국의 진척 정도는 많은 차이가 있고, 이를 위한 추가적 지원이 필요한 상황으로 알려져 있다. 이러한 시점에 다른 정부 혹은 기관의 협력이 있다면 그 효과가 극대화 될 수 있을 것이다.

두 번째 사례는 남태평양 도서 국가를 위한 기후변화 대응 보건의료체계 강화 사업이다. 이 사업은 해수면 상승과 매개체 감염병의 증가 등 남태평양 도서국에 기후변화로 인해 발생하는 일차보건의료 요구도의 상승에 대응하기 위한 것이다. 녹색기후기금Green Climate Fund은 여러 원조국과 기관들로부터 재정을 모아 약 13개 국가의 보건의료체계 강화를 위한 사업을 수행하고 있다. 눈여겨보아야 할 부분은 같은 지역에서 기후변화에 대한 보건적응(health adaptation) 사업을 수행하지만, 국가별로 다른 이해와 요구에 대해 적절하게 변화된 사업내용과 방식들이 적용되고 있다는 것이다. 일률적인 보건사업 방식을 채택하기 보다는 13개 국가의 사회경제적 상황과 기후변화로 인해 발생하는 피해의 유형과 규모에 있어서 존재하는 차이들을 있는 그대로 수용하고 그에 적절한 보건사업들이 맞춤형으로 수행되고 있는 것을 눈여겨 볼 필요가 있다.

하지만 현 시점에서 그 어느 때보다도 기후변화에 대응할 보건역량 강화는 반드시 범세계적으로 협력해야 할 핵심적인 과제임에도 불구하고 그에 대한 노력은 매우 부족하다. 또한 기후변화로 인해 발생하는 피해는 인간을 비롯한 동식물의 건강까지 위협하기 때문에, 이를 포괄하는 보호 및 예방을 위한 전 지구적 노력인 '원헬스'가 인류 건강의 미래를 위하여 매우 중요하게 대두되었다. 이들 기후변화와 원헬스 개념에 대해 좀 더 살펴보도록 하자.

▌ 기후변화에 대처하는 국제보건

기후변화로 인한 건강영향을 최소화하기 위한 노력은 일개지역 혹은 일국의 사업만으로는 성과를 내기가 어렵다. 그 이유는 기후는 전지구가 공유하는 환경이어서 그 환경의 소유권과 관리권이 누구에게도 있지 않으며, 동시에 모두의 책임이기 때문이다. 따라서 기후변화에 대처하는 국제보건 사업은 전 지구적 노력을 통해서만 가능하다. 현재 국제보건의 가장 중요한 과제가 기후변화에 대한 대응과 적응역량 강화라고 보는 주된 이유이기도 하다.

기후변화는 혹서, 극한기상, 온도 상승, 강수 변화 등을 초래하여 농업생태계, 수자원, 사회경제 등 인류에 직간접적으로 영향을 미친다. 기후변화에 대한 보건 취약성을 분석한 지구환경기금(GEF) 보고서 (2012)에 따르면 기온상승 및 극한기후 현상 증가 등의 기후변화는 전염병 및 비전염성 질병 모두 악화시키며, 특히 뎅기열, 설사병, 영양 관련 질병 발생률이 증가할 것으로 전망된다. 따라서 이에 대응하기 위해서는 필수적인 공중보건 인프라 개선과 전반적인 공중보건 역량 강화를 통한 기후변화 대응 보건강화 활동과 관련 재원확충이 필요하다. 기후변화로 인해 건강에 미치는 위험의 종류는 흔히 일차, 이차, 삼차 위험으로 분류한다. 일차 위험은 직접적인 생물학적 반응으로서, 일사광선에 의한 피해, 극한 기후변화, 오존, 자외선 증가, 대기오염 증가 등을 예로 들 수 있다. 이차 위험은 생태학적 변화로 인해 생기는 위험으로, 식량 생산량의 변화, 물 순환 장애, 생물 종 다양성의 변화, 질병매개체의 생태학적 군집변화로 인한 수인성 질병 위험 증가 등이 여기에 해당하는데, 가장 흔히 언급되는 건강위험이기도 하다. 반면 삼차 위험으로는 기후변화로 인한 사회적 변화, 정치적 갈등, 심리적 위험 증가 등을 예로 들 수 있는데, 기후변화로 인한 빈번한 재난의 피해로 발생하는 이재민 문제가 전형적인 경우이다. 이재민 문제는 급격한 인구이동으로 인해서 공중보건 시스템의 과부하가 발생하고 이로 인한 보건의료 서비스 요구도 증가와 서비스 질 저하 등의 결과를 초래하는 것으로 더 이상 새로운 문제가 아니다.

기후변화에 대한 전 지구적인 노력을 흔히 적응(Adaptation)과 대응(Mitigation)으로 구분한다. 적응은 기후변화의 영향에 대처하고 감소시키는 노력을 말한다. 반면에 대응은 온실가스와 같은 기후변화의 원인을 제거하려는 노력을 말한다. 따라서 기후변화의 많은 원인을 제공하는 선진국은 일종의 가해국의 입장에서 대응에 투자하고, 피해국인 저개발국가의 적응을 위한 노력에 원조를 하는 것이 국제적인 역할 분담이라고 볼 수 있다. 물론 2015년 파리기후협약으로 그동안 온실가스 감축 의무 대상에서 제외되었던 태평양도서국 등의 군소국도 온실가스 감축 의무를 지게 되었다. 그래서 개발도상국의 기후변화 관련 정책은 수정이 필요한 시점이지만, 여전히 개발도상국에서의 기후변화로 인한 보건문제만큼은 적응의 노력이 절실히 요구된다는 것이 전문가들의 일반적인 평가이다. 따라서 이러한 점들을 고려하여 국제보건사업의 방향도 재설정될 필요성이 있다. 즉 개발도상국이 처한 여러 가지 도전적인 상황 중에 기후변화로 인한 피해 극복을 위한 정책개선과 보건적응(Health Adaptation) 활동에 대한 지원에 더욱 주목할 필요가 있다. 많은 개발도상국들은 지리적으로 태풍이나 사막화가 빈발하는 지역에 위치해 있고, 특히 해수면 상승으로 인해 존재자체가 위협받는 군소도서국도 여럿이 있다. 이를 고려하여 기온의 상승과 비정상적인 강수량 증가로 인해 급증하는 말라리아와 뎅기열과 같은 전염병과 수인성 질병에 대처하는 이들 국가들의 보건적응 활동을 집중적으로 지원해야 한다.

한국국제협력단의 경우 기후변화에 대한 추진전략으로 세 가지 목표를 설정해서 진행하고 있다. 첫 번째 목표는 기후변화적응 능력 배양이다. 대상 국가는 기후변화에 특히 취약한 자연환경과 산업구조를 가지고 있으면서 기후변화에 따른 영향을 감당할 기반시설과 재정

능력이 부족한 개발도상국이다. 이를 위해 안정적 수자원 확보, 재해 대응체계 구축, 식량안보 등의 세부목표를 설정하고 있다. 두 번째 목표는 기후변화완화 능력배양이다. 이 목표는 주로 온실가스 발생원의 감소와 탄소 흡수원의 증가 등에 초점을 맞추고 있다. 세부목표는 에너지효율 향상과 탄소 흡수원 확충인데, 한국국제협력단의 기후변화 대응 무상원조 사업의 대부분은 이 두 가지 세부목표를 위해 진행되고 있다. 세 번째는 기후변화 관련 국제 추세 대응능력 배양을 목표로 국제사회 노력에 부응하기 위한 활동들을 수행하고 있다. 이렇게 한국국제협력단은 기후변화에 대한 세 가지 목표를 설정하고 있지만 기후변화에 대비하고 복원력을 강화하기 위한 국제사회의 움직임에 동참한다는 의미를 가질 뿐이고, 기후변화로 인해 발생하는 직간접적 건강영향에 대한 보건대응 사업은 전혀 없다. 즉 적응을 위한 원조를 하지 않고 있으며. 이는 대응과 적응 두 가지 다른 접근에서의 심대한 불균형을 보여주고 있다는 것을 의미한다. 물론 대응과 적응은 독립적으로 분리해서 접근할 수 없는 기후변화 대비의 두 축이지만, 개발도상국은 흔히 기후변화 '적응'에 상대적으로 많은 노력을 기울여야 하는 상황이기 때문에, 이에 상응하는 원조가 더욱 필요하다.

대표적인 기후변화 적응 관련 국제보건 분야 사업으로는 지난 2010년 세계보건기구와 유엔개발계획UNDP이 지구환경금융GEF의 재원으로 수행한 협력 사업이 있다. 이 사업은 남태평양의 피지를 포함한 7개 국가를 대상으로 한 파일럿 프로젝트이다. 이 프로젝트에는 각국의 생태시스템에 따라 기후변화에 따른 보건 위험(risks)을 다르게 평가하고, 이에 따라 피지, 바베이도스 등 군소도서국, 부탄, 케냐 등 고지대 국가, 요르단, 우즈베키스탄 등 물 부족 국가, 중국 등 다중취약국으로 분류하여 사업대상국을 선정하였다. 이 사업의 주요활동으로는 대상국의 보건 취약성을 평가하고, 기후변화에 대한 적응역량을 강화시키기 위한 전략, 정책, 방안 수립을 지원하는 것이었고, 이후 사업모델의 확산을 위한 전략을 도출하였다.

이러한 일련의 국제적 움직임과 함께, 한국은 아태 차원의 기후변화 문제 대응의 공동 노력을 촉구하고 그 후속조치의 일환으로 '태평양 도서국 기후예측 및 기후변화 대응역량 강화 방안'을 마련한 바가 있다. 이 방안은 2013년 10월 APEC 정상회의 기간 중 태평양 도서지역 14개 국과의 대화를 통해 해수면 상승 등이 태평양 도서국에게 생존의 문제라는 점에 공감하면서 만들어졌다. 기후변화는 시기적으로 볼 때, 현재 가장 중대한 국제보건 당면과제이다. 그렇기 때문에 향후 한국의 기후변화 관련한 원조사업은 이에 상응하는 보건적응 사업에 집중하여야 할 필요가 있고, 이를 위한 구체적인 논의와 실천이 절실하다. 나아가 기후변화 취약국을 대상으로 기후변화에 민감한 질환에 대한 통합적 대응역량 강화 사업이 기획되어야 한다. 또한 기후변화 관련 감염성 질환 조기감지를 위한 감시체계 및 실험실 역량강화와 보건인력 대상 기후변화 보건적응 교육, 역학조사 역량강화, 지역사회 참여형 문제해결 프로젝트 지원 등의 구체적인 사업들이 실행되어야 한다.

▎원헬스와 NGO의 역할

동물에서 유래된 메르스, 지카, 에볼라 등 신종감염병의 잦은 발생이나 기후변화로 인한 건강위협 등은 인간의 건강 문제를 더 이상 기존의 공중보건 울타리 안에서만 다루어서는 안 된다는 것을 보여주고 있다. 이러한 배경에서 인간, 동식물, 환경의 보건문제를 하나의 문제로 바라보고 해결방안을 모색하는 원헬스가 등장하게 되었다. 인류의 건강을 위해서는 동식물과 환경의 건강이 전제되어야 한다는 것이 원헬스의 가장 기본적인 개념이라고 볼 수 있다. 기존의 환경보건이 환경보전, 생물다양성 보전 등의 개념을 중요시 한 반면, 원헬스는 다학제적 접근법을 수용하고 통합적 대응을 강조하는 것이 특징이다. 즉 원헬스는 인간, 동물, 환경이 서로 긴밀한 관계 속에서 서로 영향을 주고받고 있음을 인식하고, 구성원 모두를 위한 최적의 건강상태를 달성하기 위한 다양한 전문영역의 협력이라고 정의할 수 있다.[133] 미국 수의학 협회는 원헬스를 '인간, 동물, 그리고 우리의 환경을 위한 최적의 건강을 달성하기 위하여 지역적, 국가적 및 국제적으로 일하는 여러 분야들의 공동노력'이라고 정의한다.

과거 19세기부터 인수공통감염병(Zoonotic Diseases)이라는 개념이 사용되어 온 것을 보더라도, 이미 예전부터 사람과 동물의 건강이 별개가 아니며, 이 두 주체를 위한 보건 전략이 서로 분리되어 있지 않음을 인식하고 있었다. 원헬스의 필요성을 역설하고 국제활동을 선도하는 세계야생동물보건협회wcs는 2004년 "지구화 시대의 건강에 대한 학제간 연계 수립[134]"이라는 심포지움에서 인간과 동물 건강의 위협에 대응하기 위한 맨하탄 12원칙을 채택하였다. 첫 번째 원칙은 인간과 가축, 야생동물의 건강은 서로 연결되어있으며, 감염병 등의 질병발생은 식품위생 혹은 경제에 위협을 주고 생물다양성의 보전은 환경을 건강하게 유지시키고, 생태계가 필요한 기능을 유지하는데 필수적이라는 것을 인식한다는 것이다. 두 번째 원칙은 토지와 수자원의 이용은 인류보건에 막대한 영향을 끼치게 됨을 인식해야 한다는 것이다. 또한 이러한 환경과 보건과의 관계를 간과하게 되면, 생태계의 조절능력이 상실되어 신종 질병 발생 및 전파의 패턴 변화 등의 각종 부작용이 초래된다는 것이다. 세 번째는 국제적으로 실시되고 있는 질병의 예방, 감시, 모니터링, 관리에 있어서 야생동물 보건 분야를 필수적으로 포함시켜야한다는 것이다. 네 번째는 인간보건증진 활동이 환경보전에도 기여할 수 있다는 것을 인식한다는 것이다. 다섯 번째는 복잡한 종간 연결고리에 기인한 질병들의 예방, 감시, 모니터링, 관리, 감소를 위해서 적용가능하고 총체적이며 전향적인 대책을 마련한다는 것이다. 여섯 번째는 감염병 유행 위협에 대한 해결책 모색에 있어서 생물다양성 측면이나 가축과 인간 모두에 이로운 것들을 함께 고려하는 것이다. 일곱 번째는 야생동물 보호 및 질병의 종간전파를 예방하기 위해 야생동물 불법거래를 규제하는 것이다. 또한 이러한 거래는 공중보건, 농업, 환경보전에 막대한 손실을 일으키므로, 국제사회는 야생동물 불법거래를 국제사회의 사회경제적 안보에 주요한 위협으로 인식해야 한다는 것이다. 여덟 번째는 질병통제가 필요한 상황에서 야생상태의 동물들을 대량으로 살상하는 것을 규제하는 것이다. 아홉 번째는 동물과 인간의 보건의 기반에 대한 투자를 활성화시키고 국가기관, 국제기구, NGO, 보건기관, 동물보건기관, 제약사 및 다른 이해관계자들과의 협력을 위해서 명확하고 시의적절한 정보공유와 감시체계에 대한 역량을 강화하는 것이다. 열 번째는 국제보건과 생물다양성 보전을 위해 공공기관과 지역주민, 민관협력을 강화하는 것이다. 열한 번째는 야생동물보건에 대한 감시체계확립을 위해 필요한 자원과 지원을 제공하여 질병발생의 조기경보 시스템의 일환으로 보건기관과 농업 및 동물보건기관과의 정보교류를 강화하는 것이다. 마지막으로 전 세계 사람들을 대상으로 교육에 투자하고 이들의 인식을 개선하며 정책과정에도 개입하여 인간과 생태계와의 관계에 대한 이해를 증진시키고 궁극적으로 더 건강한 지구를 만드는 것이다.

원헬스에서 논의되고 있는 인수공통감염병 영역에는 광견병과 같이 직접적으로 전파되는 감염병뿐만 아니라 항생제 내성, 말라리아 지카 바이러스 등 매개체 전파 질병, 생물테러, 식품으로 인한 감염병 등이 속한다.135) 이렇듯 원헬스 개념이 포괄하는 주제나 대상의 범위가 매우 넓다. 하지만 기존의 인간, 동물, 환경의 보건문제를 각각의 분야로 분류하여 해결하려는 방식에서 탈피하여 각 보건문제들을 모든 관련 분야 전문가들이 협력적으로 해결하려는 접근방식을 취하고 있다. 이러한 점에서 최근 강조되는 융합 패러다임의 한 맥락으로도 바라볼 수 있다. 다만 원헬스가 여러 분야들을 통합하여 하나의 새로운 개념의 분야를 만드는 퓨전(Fusion)의 형태라기보다는 각 전문분야들 간의 경계를 유지하면서 협동, 협업의 형태(Multidisciplinary cooperation)로 이해하는 것이 매우 중요하다.

인수공통감염병은 국경을 초월하는 인명손실과 경제적 손실을 초래한다. 따라서 국제적으로 인간의 건강을 보호하기 위하여 동물의 질병을 예방하는 원헬스 개념의 보건사업들이 수행되어오고 있다. 영국의 비영리단체인 전세계수의공공사업단WVS은 "미션레이비즈(Mission rabies)"라는 프로젝트를 진행하고 있다. 이 프로젝트는 광견병이 만연한 저개발국의 유기견에 백신을 놓아 사람에서의 광견병 발생을 낮추는데 큰 기여를 하고 있다.136) 또한 한국도 소 브루셀라 발생이 증가함에 따른 동물보건 기관인 농림축산식품부의 프로젝트 사례가 있다. 브루셀라는 브루셀라 균(Brucella spp.)에 감염된 소들의 우유나 체액에 의해 사람에게 전파된다. 감염된 사람이 늘어나자 적극적인 방역대책으로 소에서의 발생을 감소시켰고 결과적으로 사람에서의 발생률도 2006년 이후 낮아졌다. 이외에도 메르스의 전파를 차단하기 위해 중동지역에서 낙타백신을 개발하여 주요 감염경로인 낙타로부터의 감염을 차단함으로써 사람에서의 발생을 감소시키려는 노력도 이루어지고 있다.137) 이러한 원헬스 개념의

중재방식은 기존의 공중보건중심의 중재전략에 비해 더 비용효과적인 것으로 알려져 있다.[138)]

인간과 동물, 환경과의 상호관계에 대한 이해는 다양한 질병정보와 환경정보의 통합에서 시작된다고 할 수 있다. 인간과 동물 질병의 통합적 감시체계인 GLEW+Global early warning system는 유엔식량농업기구 FAO, 국제수역사무국OIE, 세계보건기구 등 국제기구들에 의해 활용되고 있는 시스템인데, 준 실시간으로 전 세계의 인간, 동물 질병에 대한 정보를 통합 관리한다. 공중보건에서 강조되는 감시체계가 동물 질병에 대한 관리와 예방에서도 마찬가지로 중요하게 활용되고 있는 것이다. 공중보건에서는 주로 수동적 감시체계를 운용한다면, 동물보건에서는 주기적으로 일정 표본을 대상으로 혈액 및 혈청검사를 통해 질병정보를 확보하는 능동적 감시체계를 많이 활용한다. 이렇듯 원헬스 개념을 실천 가능하게 하고, 다학제, 범정부, 범국가적으로 협력하게 할 수 있는 중요한 근거는 바로 감시체계에서 시작된다고 할 수 있다. 실제로 원헬스 접근으로 동물 질병 감시체계와 공중보건 감시체계가 협력한 사례가 많다. 미국의 푸드넷(FoodNet) 감시체계는 식중독 등 식품유래 질병의 예방에 있어서도 원헬스적 접근이 효과적으로 적용될 수 있다는 것을 보여준 예라고 볼 수 있다.[139)] 이 감시체계는 식품산업이 발전하면서 어느 하나의 감염원으로부터 식중독이 발생하는 사례보다는 여러 감염원들의 상호작용에 의한 교차감염으로 식중독 발생이 이루어진다는 것에 기반한다. 그래서 정부 부처간 협업으로 식품유래질병 발생에 대비하고, 질병의 발생을 통합적으로 기록하고 관리하는 차원을 넘어서 부처 간 협업을 통해 병원균 및 감염원 식별을 효과적으로 신속하게 진행하게 하는 목적으로 운영된다.

항생제 내성문제 해결을 위해서도 원헬스 개념의 대책이 필요하다.

현재 한국에서는 사람, 동물, 환경에서 항생제 내성 감시체계가 개별적으로 이루어지고 있다. 예를 들어, 사람에 대한 항생제 내성 감시체계는 KONIS라고 하는 병원감염감시체계로 운영된다. 반면 동물에 대해서는 농림축산검역본부가 국가항생제 사용 및 내성 모니터링을 실시한다. 그리고 환경에서의 항생제 내성 감시체계는 체계적으로 마련된 것이 없이, 일부 연구자들에 의해 개별연구형태로 보고되고 있다. 우리 주변 국가들과의 협력으로는 2016년 아시아 장관들의 회의를 통해 항생제 내성 관리에 대한 대책을 마련하고 이를 위한 실행계획을 촉구하는 성명을 발표한 바 있다. 이 성명에서 다분야의 역량을 포함하는 교차횡단적 접근으로 원헬스의 개념을 도입할 것을 요구하였다.

다분야를 교차하여 협력을 추진해야 하는 필요성이 있는 원헬스 전략의 수행은, 구조적 유연성을 가지고 가치 중심적 활동을 하는 NGO에게 유리하다. 즉 NGO는 의사결정과정이 상대적으로 빠르고 유연하기 때문에 여러 분야의 전문가 집단 및 이해관계자들의 의견을 반영하는데 상대적으로 용이하다. NGO의 활동들은 주로 각 단체가 표방하는 가치를 중심적으로 이루어지기 때문에, 금전적 이익이나 단기간의 가시적인 성과에 구애받지 않으며, 이는 중장기적으로 본질적인 문제에 접근하고자 하는 원헬스의 특성에 부합한다고 할 수 있다. 2014년 서아프리카지역 에볼라 유행 당시 의사, 역학자로 구성된 국경없는의사회가 질병 확산 방지 및 피해 최소화에 큰 역할을 담당했던 것처럼, 국제보건 분야 NGO들은 문제 해결방식에 사선적 접근(diagonal approach)을 활용하는 경우가 많으며, 이는 총체적 접근(holistic approach)을 추구하는 원헬스 관점과 부분적으로 상통하는 부분이기도 하다. 사선적 접근이란 보건의료 문제를 해결하는데 있어서 특정 질병 퇴치라든가 특정 문제해결에만 집중할 경우 전체적인 보건의료체계 상의 문제를 개선하지 못할 수 있다는 한계를 극복하고자, 보건의료체계 상의 장애요소를 동시에 개선하는 방법을 말한다.

항생제 내성 문제에 특화된 항생제내성연합ARC은 전 세계 25개 시민 사회단체와 항생제 내성 관련 이해관계자들로 이루어진 연합체이다. 여기에는 보건, 축산업, 소비자단체, 개발단체 등 여러 분야의 기관들이 속해있으며, 항생제 내성 관련 대책수립을 위해 여러 분야의 협업을 이끄는 역할을 해오고 있는 곳이기도 하다. 지난 2015년 개최되었던 세계보건기구와 NGO 간 항생제 내성 대책 구상을 위한 대화[140]에도 각종 시민사회단체들을 대표하여 이 연합체가 주도적으로 참여하여, 항생제내성연합선언(ARC Declaration)[141]을 통해 정부나 보건기관들을 대상으로 항생제 내성 감소를 위한 정책적, 기술적 제안을 한 바 있다.

물론 원헬스 개념의 오류 가능성도 있다. 시장의 기능을 동력으로 하는 농축수산물 산업을 보호하기 위해 농축수산물의 질병관리에 집중하다보면 질병의 감시와 조기 발견 체계만이 비대해져 정작 인간의 건강관리 내지는 예방을 위한 활동이 위축될 가능성이 있기 때문이다. 나아가 대자본 위주의 농축산업의 대형화, 첨단 산업화에 대한 국제적 압력을 야기하여 세계 농축수산물 산업의 양극화를 심화하여 국가 간 사회경제적 불평등을 가속화시킬 가능성도 존재한다. 어쩌면 국제보건의 기본취지에 역행하는 결과를 낳게 될지도 모를 일이다. 하지만 동물, 인간, 환경, 건강을 총체적으로 파악하려는 시도는 매우 중요하다. 또한 인간이나 동물의 질병에 대한 단순한 도식화 혹은 원인 병원체 중심의 질병관리 모델을 경계하는 움직임도 또한 중요하다. 이를 위해서는 특정 질병에 대한 기술, 규제 중심의 '박멸'모델을 경계해야 한다. 또한 농축산업의 생산, 유통, 소비에 대한 정치경제적, 사회적, 문화적 관점을 견지하고, 나아가 환경의 다양성을 고려하는 범지구적

협력이 필요하다. 지금 이 순간에도 인수공통감염병이 주로 발생하는 곳은 개발도상국과 낙후지역, 고립지역 등이다. 이러한 취약지역의 감염병 발생 및 확산을 차단하고, 상황을 모니터링하는 것은 정부기구의 역할만으로는 분명한 한계가 있다. 이러한 취약지역에서의 감염병 발생은 언제든지 전 세계적인 유행(Pandemic)으로 번질 수 있는 환경이며, 이를 위한 국제사회의 노력은 어느 때보다 더 필요한 상황이다. 원헬스는 기존의 인간중심적 관점의 공중보건에서 더 나아가 전 지구적인 관점에서의 건강을 추구하는 미래지향적인 철학적 가치이다. 따라서 국제보건의 중요한 과제인 인수공통감염병과 항생제내성으로 인한 피해 감소를 위해서라도 당장에 원헬스 개념이 적용된 보건사업들이 추진되어져야 한다. 여기에 인도주의적 관점에서 지구적 협력의 틀을 만들고, 소수의 의견이 종합되어 건강의 불평등을 해소하는 방향으로의 국제보건의제를 만든다면 한층 더 국제보건의 발전이 가능할 것이다.

앞 장에서 살펴보았듯이 한국의 국제보건은 경제개발의 틀에서 양자 간 사업의 구도로 기획되어졌고, 이로 인한 여러 가지 한계를 보여주었다. 이는 알마아타 선언에 부합하는 성과를 낳는데 많은 부분이 부족했고, 인도주의에 부합하는 국제보건사업의 기획의 부재, 수원국의 주인의식과 효용극대화 필요성에 대한 분석 부재, 지속가능성에 대한 미래지향적 평가 부재 등이 이 한계를 낳은 핵심적인 원인이다. 이제 인류의 건강 문제는 지역적인 문제에 국한되거나 특정 질병의 극복을 통해 해결될 수 없다. 앞으로 전 지구적 차원에서 전개될 인류의 건강 문제는 범지구적 소통과 합의가 이루어지지 않으면 안 된다. 또한 그 접근방법에 있어서도 다양한 활동 주체들 간의 협력이 필요하며, 이를 위해서는 NGO의 선도적인 역할과 인도주의적 접근이 더욱 절실한 시점이 되었다.

■ 미주

1) 제레미 그린 외, 『국제보건실태의 재조명』, (생각과 사람들, 2014).

2) Potter, Health, *Civilization, and the State*, pp.79~96.

3) Theodore M. Brou et al, "The world health Organization and the Transition from 'International' to 'Global' public health," *American Journal of Public health 96*, no.1 (2006), pp.62~67. 제레미 그린 외, 『국제보건실태의 재조명』, (생각과 사람들, 2014).

4) 제레미 그린 외, 『국제보건실태의 재조명』, (생각과 사람들, 2014).

5) *Oxford Handbook of Tropical Medicine*, (Oxford Medical Publication).

6) International Sanitary Bureau.

7) 제레미 그린 외, 『국제보건실태의 재조명』, (생각과 사람들, 2014).

8) Anne Emanuelle Birn et al, *Textbook of International Health-Global Health in a Dynamic World*, (Oxford University Press, 2009).

9) Tudor Hart J, *The inverse care law*, (Lancent 1971) pp.405~412.

10) Global Fund to Fight AIDS, Tuberculosis and Malaria.

11) Global Alliance for Vaccines and Immunization.

12) The Partnership for Maternal Newborn and Child Health.

13) Centers for Disease Control and Prevention 1600 Clifton Road Atlanta, GA 30329-4027, USA800-CDC-INFO (800-232-4636).

14) WHO, WHO calls for urgent action to protect health from climate change – Sign the call, http://www.who.int/globalchange/global-campaign/cop21/en/.

15) 민경덕 외, "One world and one health," 『인도주의 포커스』 3호.

16) 홍윤철, "기후변화와 건강," J Korean Med Assoc 2008, pp.764~769.

17) JA Patz et al, *Impact of regional climate change on human health*, (Nature 2005), pp.310~317.

18) Woolhouse MEJ et al, *Host Range and Emerging and reemering pathogens*, (emergic infectious diseases).

19) 민경덕 외, "One world and one health," 『인도주의 포커스』 3호.

20) National Zoonoses and Food hygiene Research Center(NZFHRC).

21) Social Action for Grassroots unity and Networking.

22) Center for Coastal Health(CCH).

23) C. Cartwright et al, *The changing health priorities of earthquake response and implications for preparedness*, (a scoping review. Public Health 150), pp.60~70.

24) Margesson, R et al, *Haiti earthquake: Crisis and response*, (Library of Congress Washington DC Congressional Research Service).

25) "Earthquake in Haiti: One year later," PAHO/WHO Report on the health situation Pan American Health Organization (PAHO/WHO). 17.

26) https://www.cdc.gov/globalhealth/countries/haiti/stories/haiti_public_health_system.html.

27) World Vision, 「One year on Haiti Earthquake Response」. https://www.givewell.org/files/DisasterRelief/Worldvision/Haiti_one_year_report.pdf.

28) Patrick, J, 「Evaluation insights Haiti earthquake response emerging evaluation lessons」.

29) De Waal, A, 「Famine that Kills: Darfur, Sudan」. (Oxford University Press on Demand).

30) https://www.mercycorps.org/articles/south-sudan/quick-facts-what-you-need-know-about-south-sudan-crisis.

31) https://www.worldvision.org/refugees-news-stories/south-sudan-refugee-crisis-facts#problems.

32) http://www.who.int/emergencies/response-plans/2017/south-sudan/en/.

33) https://www.cdc.gov/globalhivtb/where-we-work/southsudan/southsudan.html.

34) http://www.fao.org/emergencies/resources/documents/resources-detail/en/c/854239/.

35) International Rescue Committee.

36) https://www.rescue.org/country/south-sudan#how-does-the-irc-help-in-south-sudan.

37) Devereux, S., Sida, L., & Nelis, T. (2017). Famine: Lessons Learned.

38) Marco Vitoria, Reuben Granich, Charles F. Gilks, Christian Gunneberg, Mehran Hosseini, Wilson Were, Mario Raviglione, Kevin M. De Cock, "The Global Fight Against HIV/AIDS, Tuberculosis, and Malaria: Current Status and Future Perspectives," *American Journal of Clinical Pathology*, Volume 131, Issue 6, 1 June 2009, pp.844~848.

39) http://www.who.int/mediacentre/factsheets/fs114/en/.

40) Cochi, S. L, et al, "Global polio eradication initiative: lessons learned and legacy," *The Journal of infectious diseases*, p.210.

41) Global Polio Eradication Initiative(GPEI).

42) Polio Eradication and Endgame Strategic Plan.

43) https://coregroup.org/our-work/programs/core-group-polio-project/.

44) https://www.jica.go.jp/english/news/press/2017/171221_02.html.

45) http://www.who.int/mediacentre/factsheets/fs103/en/.

46) Beth P. Bell et al, "Overview, Control Strategies, and Lessons Learned in the CDC Response to the 2014-2016 Ebola Epidemic," *MMWR Suppl 2016*, pp.4~11.

47) Adam Lupel et al, "The Mission to Stop Ebola: Lessons for UN Crisis Response," *New York: International Peace Institute*.

48) Gupta, S., "Response to "the international monetary fund and the Ebola outbreak," *The Lancet Global Health*, 3(2), p.78.

49) UN Operations Crisis Center.

50) http://www.who.int/hiv/topics/tb/about_tb/en/.

51) https://www.cdc.gov/tb/topic/basics/tbhivcoinfection.htm.

52) PATH(2014), Integrating tuberculosis and HIV in the DRC: Tackling TB and HIV co-infectionin the DRC.

53) 2015년 9월 제 70차 UN 총회에서 새천년개발목표(UN MDGs; UN Millenium Development Goals) 시한이 종료되는 시점에 맞추어 2016년부터 2030년까지 향후 함께 추진할 지속가능발전목표(지속가능개발의제 UN SDGs; UN Sustainable Development Goals)를 채택하였으며, 이는 17개 지속가능개발목표(SDGs)와 169개 세부목표로 이뤄져 있다. 이 목표들은 새천년개발목표(MDGs)를 기반으로 MDGs가 달성하지 못한 부분을 보완하고 있으며 모든 사람의 인권 실과 양성평등, 모든 여성 소녀의 권익신장을 추구한다.

54) http://www.who.int/mediacentre/factsheets/fs355/en/.

55)https://www.kff.org/global-health-policy/fact-sheet/the-u-s-government-and-global-non-communicable-diseases/.

56) http://www.who.int/ncds/un-task-force/en/.

57) http://www.who.int/mediacentre/factsheets/fs355/en/.

58) https://www.cdc.gov/globalhealth/healthprotection/ncd/about.html.

59) http://www.path.org/our-work/noncommunicable-diseases.php.

60) Mokdad, A. H., "Global non-communicable disease prevention: Building on success by addressing an emerging health need in developing countries," *Journal of Health Specialties*, 4(2), p.92.

61) Nugent, R. et al, *Where have all the donors gone? Scarce donor funding for non-communicable diseases*.

62) http://www.who.int/topics/early-child-development/en/.

63) Duncan, G. J. et al, *Early-childhood poverty and adult attainment, behavior, and health. Child development*, pp.306~325.

64) Tiong, A. C. et al, "Health issues in newly arrived African refugees attending general practice clinics in Melbourne," *Med J Aust*, 185, pp.602~606.

65) http://www.unhcr.org/rohingya-emergency.html.

66) Samari, Goleen. "The Response to Syrian Refugee Women's Health Needs in Lebanon, Turkey and Jordan and Recommendations for Improved Practice." Article, "Knowledge & Action," Humanity in Action, 2015. Humanity in Action, Inc.

67) Berchin, I. I. et al, "Climate change and forced migrations: An effort towards recognizing climate refugees," (Geoforum, 84), 147-150.

68) Kelley, C. P. et al, "Climate change in the Fertile Crescent and implications of the recent Syrian drough," *Proceedings of the National Academy of Sciences*, 112(11).

69) 『국제개발협력 입문편』, (KOICA ODA 교육원, 2016).

70) 『2017 대한민국 ODA 백서』, (국제개발협력위원회, 2017).

71) 남은우, 『국제보건학 이론, 실제 그리고 연구 사례』, (연세대학교 대학출판문화원, 2017).

72) http://www.un.org/millenniumgoals/.

73) https://www.un.org/sustainabledevelopment/sustainable-development-goals/.

74) 오충현, "지금, 여기에서 대한민국의 국제보건을 비판한다," 『시민건강 이슈』.

75) Sen A, *Development as freedom*, (Oxford Paperbacks ; 2001).

76) 김창엽, "국제보건의료의 책임과 근거," 의료정책포럼 2013.07.01.

77) 사회과학원, "근대성에서 세계성으로: 세계화와 한국사회," 『계간사상』 겨울호, pp.1~13.

78) Green, Duncan, *From Poverty to Power: How Active Citizens and Effective States Can Change the World*, (Oxford: Oxfam International).

79) 김태균, "국제개발협력을 위한 가치지향의 이중적 구조: 일본 사례에 관한 소고", 「국제지역연구 18권 2호 여름」, 67-104.

80) WHO, "Faith-based organizations play a major role in HIV/AIDS care and treatment in sub-Saharan Africa," 2007, http://www.who.int/mediacentre/news/notes/2007/np05/en/.

81) 제레미 그린 외, 『국제보건실태의 재조명,』 (생각과 사람들, 2014).

82) Lowry, Christopher et al, "Two Models in Global Health Ethics," *Public Health Ethics* 2(3), pp.276~284.

83) ODA정보포털, 개발원조의 동기 http://www.oda.go.kr/opo/odin/mainInfoPage.do?P_SCRIN _ID=OPOA601000S02.

84) 신상문, 『인도주의의 눈으로 바라본 착한기부 나쁜 기부』 (아르케).

85) Baylis, J et al, 『세계정치론』, (서울: 을유출판사), pp.32-40.

86) World Health Organization, Ebola Situation Reports(2016). http://apps.who.int/ebola/ebo la-situation-reports.

87) World Health Organization, WHO MERS-CoV global summary and risk assessment (WHO/MERS/RA)(2017).

88) "에볼라 바이러스 재앙, 알려지지 않은 진실," 박인규, 프레시안, 2014.10.19.

http://www.pressian.com/news/article.html?no=121029#09T0.

89) Tracking official development assistance for reproductive health in conflict-affected countries. Preeti P, Roberts B, Guy S, Lee-Jones L, Conte L. PLoS Med 6(6): e1000090. doi:10.1371/journal.pmed.100090. 2009.

90) Equity in health care: current situation in South Korea. Hong-Jun Cho. J Korean Med Assoc 2013 March: 56(3): 184-194

91) Concept Analysis of Health Inequalities. Kwon, Jeong Ok. Lee, Eun Nam, Bae, Sun Hyoung. J Korean Acad Nurs Adm 2015 January; 21(1): pp.20~31.

92) Final assessment of progress toward achieving the MDGs. Global launch. 2015.

93) "SDG를 둘러싼 다섯가지 쟁점," ODA Watch. 2015.

94) The World Bank, https://data.worldbank.org/indicator/SH.DYN.MORT.

95) Assessing levels and trends of child health inequality in 88 developing countries: from 2000

to 2014. Zhihui Lia, Mingqiang Lia, S. V. Subramanianb, Chunling Lu. GLOBAL HEALTH ACTION, 2017.

96) Global health inequity: scientific challenges remain but can be solved. Carol A. Dahl, Tadataka Yamada. The Journal of Clinical Investigation. 2008.

97) Health inequity on access to services in the ethnic minority regions of Northeastern Myanmar: a cross sectional study. Kun Tang, Yingxi Zhao, Bolun Li, Siqiao Zhang, Sung Hoon Lee. BMJ Open. 2017.

98) Implementing the Millennium Development Goals: Health Inequality and the Role of Global Health Partnerships. UN. 2009.

99) Inequalities in global health inequalities research: A 50-year bibliometric analysis (1966-2015). Cash-Gibson L, Rojas-Gualdron DF, Pericàs JM, Benach J. PLoS ONE. 2018.

100) Politics, policies and processes: a multidisciplinary and multimethods research programme on policies on the social determinants of health inequity in Australia. Baum F, Friel S. BMJ Open. 2017.

101) 송희완, "국제보건에 미치는 의료선교의 영향에 대한 연구." 『보건과학연구소보』 제10집, p.107.

102) 문옥륜, "지역보건 60년의 역사 개관, 지역보건의료발전을 위한 모임," 『지역보건 60년이 발자취』 2권, 2012.

103) 지역보건의료발전을 위한 모임, 『지역보건 60년의 발자취』, 2권.

104) 한국민족문화대백과, http://encykorea.aks.ac.kr/.

105) 행정안전부 국가기록원 자료, /www.archives.go.kr/next/search/listSubjectDescription.do?id =002608.

106) 행정안전부 국가기록원 자료, 가족계획연구원법(안). http://theme.archives.go.kr/viewer/comm on/archWebViewer.do?bsid=200300839403&dsid=000000000062&gubun=search#8.

107) 가족계획연구원, "한국가족계획사업현황," 한국보건사회연구원 자료.

108) 한국보건개발연구원법안, 국회의안정보시스템 (http://likms.assembly.go.kr/bill/BillSearchRes ult.do).

109) 이선호, "한국의 세계보건기구(WHO) 가입과정과 1950년대 사업의 성과," 『의사학』 제23권 제1호(통권 제46호), 2016.4.

110) 오충현, "지금, 여기에서 대한민국의 국제보건을 비판하다," 『시민건강이슈』 2017-06, pp.23~24.

111) 이화여자대학교 산학협력단, "보건분야 ODA 유무상 연계사업 발전방안 연구 결과보고서," 2017. 10.

112) 김창엽, "한국의 보건 분야 국제개발협력," 『보건학논집』 51(1), pp.14~16.

113) DAC(개발원조위원회)는 개발도상국의 지속가능한 경제사회 개발을 지원하기 위해 효과적이며 상호 조화된 국가간 협력을 증진하는데 기여할 목적으로 조직된 경제협력개발기구(OECD) 산하의 기관이다.

114) 한국연구재단, "국제협력선도대학지원사업과 타 ODA 사업과의 연계방안 연구."

115) http://www.index.go.kr/potal/main/EachDtlPageDetail.do?idx_cd=2856.

116) 『2015 한국 국제개발협력 CSO 편람』, KCOC, KOICA, 2016.

117) 『2015 한국 국제개발협력 CSO 편람』, KCOC, KOICA, 2016.

118) 아름다운 재단, 『2014년 기업사회공헌 실태조사 보고서』.

119) http://www.lgblog.co.kr/lg-story/lg-csr/29361.

120) 최정윤 외, "한국 대학의 국제개발협력사업 참여 실효성 제고 방안."

121) http://globalhealthkorea.co.kr/page/history.php.

122) 한상태, 『국제보건학』, 고려의학, 1996.

123) 한상태, 김한중, 남은우, 『국제보건학』, 고려의학, 2008.

124) 남은우, 오창석, 『국제보건학』(*Global Health*) 번역서, 계축문화사, 2015.

125) 남은우, 『국제보건학 이론 실제 그리고 연구사례』, 연세대학교 대학출판문화원, 2017.

126) (검색) 코이카 통계조회서비스 (http://stat.koica.go.kr/ipm/os/acms/realmRealmEaco DetailList.do?lang=ko) 분야별 국별세부 & 지역별 분야별 세부.

127) 미네소타 프로젝트는 1955년부터 1961년까지 미국이 진행한 '서울대 재건 프로그램'으로 알려져 있다. 의과대학, 공과대학, 농과대학 등 3개 단과대학 교직원 226명이 짧게는 3개월에서 길게는 4년 동안 미네소타주립대에서 실시한 연수프로그램이다. 이 프로젝트에 참여한 한국 의료진은 77명으로 미국식 의학교육과 임상 기술을 전수받아 지금의 서울대병원 의료서비스와 의학교육의 기초를 세웠다. 이 프로젝트는 우리나라에서 진행된 ODA 프로그램 중 가장 성공적인 사례 중의 하나로 인정받고 있다.

128) 신상문, 『인도주의의 눈으로 바라본 착한기부 나쁜기부』, 아르케, 2017.

129) "19대 대통령 선거 정책 요구," 의료민영화 저지와 무상의료 실현을 위한 운동본부. 2015.

130) "의료사각지대 해소방안," 보건복지포럼. 2012.

131) "의료안전망 구축과 정책과제," 한국보건사회연구원. 2006.

132) "취약지역 모성건강 현황 및 모성보호 강화방안 연구," 연세대학교. 2014.

133) Food and Agriculture Organization, 2015.

134) Building interdisciplinary bridges to health in a globalized world.

135) One health initiative (www.onehealthinitiative.com).

136) http://www.missionrabies.com/.

137) Haagmans et al (2016), An orthopoxvirus-based vaccine reduces virus excretion after MERS-CoV infection in dromedary camels, Science.

138) WorldBank (2012), People, pathogen, and our planet Volume 2: The economics of one health.

139) Henao et al (2015), foodbome disease active surveillance network – 2 decades of achievements 1996-2015 emerging infectious disease.

140) WHO-NGO Dialogue on Antimicrobial Resistance.

141) ARC Declaration (2014), http://www.reactgroup.org/uploads/ARC-declaration/ARC-declaration-May-22-2014.pdf.